Alexander Brandt-Memet

111 GRÜNDE, DIE KÖLNER HAIE ZU LIEBEN

Eine Liebeserklärung an den großartigsten Eishockeyclub der Welt

SCHWARZKOPF & SCHWARZKOPF

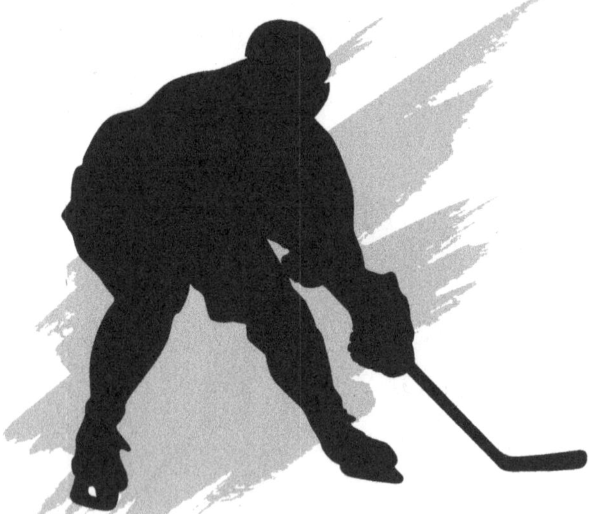

111 GRÜNDE, DIE KÖLNER HAIE ZU LIEBEN

INHALT

EINES IST SICHER: MIT DEN HAIEN WIRD ES NIE LANGWEILIG!

Vorwort

Es gibt im Eishockey Tausende Geschichten, die es wert sind, festgehalten zu werden. Mit der Buchserie der »111 Gründe« bietet sich nun endlich die Gelegenheit dazu, und ich war froh, den Part über die Kölner Haie übernehmen zu dürfen.

Dabei habe ich selbst nie in Köln gelebt, ich bin in Berlin aufgewachsen und lernte die Haie seit 1987 erst einmal als Gegner kennen. Es war die bis heute beste Zeit in der Geschichte der Kölner Haie, sie dominierten das deutsche Eishockey damals, und man verzweifelte regelmäßig an ihnen. Immer fanden sie einen Weg, auch fast verlorene Spiele noch zu drehen.

1999 zog ich aus beruflichen Gründen ins Rheinland und besuchte die damals noch recht neue Kölnarena. Ich war begeistert, mir war sofort klar, dass dieses Großhallen-Event die Zukunft des Eishockeys in Deutschland darstellte, und ich wollte unbedingt dabei sein. So begann ich, über die Haie zu schreiben. Ich lernte die Fans kennen, die Spieler und Geschäftsführer, die Mitarbeiter/innen auf der Geschäftsstelle.

Doch das genügt in Köln nicht, man muss auch die kölsche Mentalität studieren und verstehen, sonst kann man viele Gründe der Liebe zu den Haien nicht richtig nachvollziehen. Köln ist so etwas wie ein Stadtstaat mit einer eigenen Kultur und Sprache. Oder wie die Kölner es selbst sagen: »Köln ist ein Gefühl«. Wer dieses Gefühl nicht versteht, wird sich auch mit den Haien schwertun.

Typisch für die Kölner Haie ist meiner Erfahrung nach die Tatsache, dass es mit ihnen nie langweilig ist. Man kann sie lieben oder nicht mögen, aber Langeweile kommt mit ihnen sicher nicht auf. Genauso sollte nach meiner Vorstellung auch dieses Buch werden. Gut oder schlecht, aber bitte nie langweilig. Deshalb sind auch einige Liebesgründe mit einem gewissen Augenzwinkern zu verstehen.

Man wird es mir verzeihen, denn der Kölner ist tolerant und kann auch über sich selbst schmunzeln.

Die Tradition spielt bei einem Klub wie den Haien natürlich eine große Rolle und wird in diesem Buch gebührend gewürdigt, aber der Fokus sollte möglichst beim Thema bleiben: Bei allem, was die Menschen aktuell an ihren Haien lieben. Bei den Recherchen stellte ich fest, dass auf den Stehplätzen kaum noch jemand die Haie anfeuert, der dies schon an der legendären Halle an der Lentstraße getan hat. Diesen Generationswechsel fand ich bemerkenswert.

Nun ist Liebe bekanntlich eine sehr subjektive Angelegenheit, das ist in diesem Fall nicht anders. Die hier vorliegenden 111 Gründe wird kaum jemand komplett teilen, aber sie werden vielleicht den einen oder anderen Leser dazu motivieren, seine eigenen Gründe festzuhalten.

Vielleicht gibt es dann irgendwann einmal 1.111 formulierte Gründe, die Kölner Haie zu lieben.

Noch eine Anmerkung zum Thema Liebe: Ich danke an dieser Stelle ausdrücklich meiner Frau, die seit Jahren erduldet, dass ein großer Teil unserer Freizeit für diese merkwürdige Sportart Eishockey draufgeht. Es gibt weit mehr als 111 Gründe, meine Gattin zu lieben.

Alexander Brandt-Memet

KAPITEL 1

KÖLN UND SEINE KULT-STÄTTEN

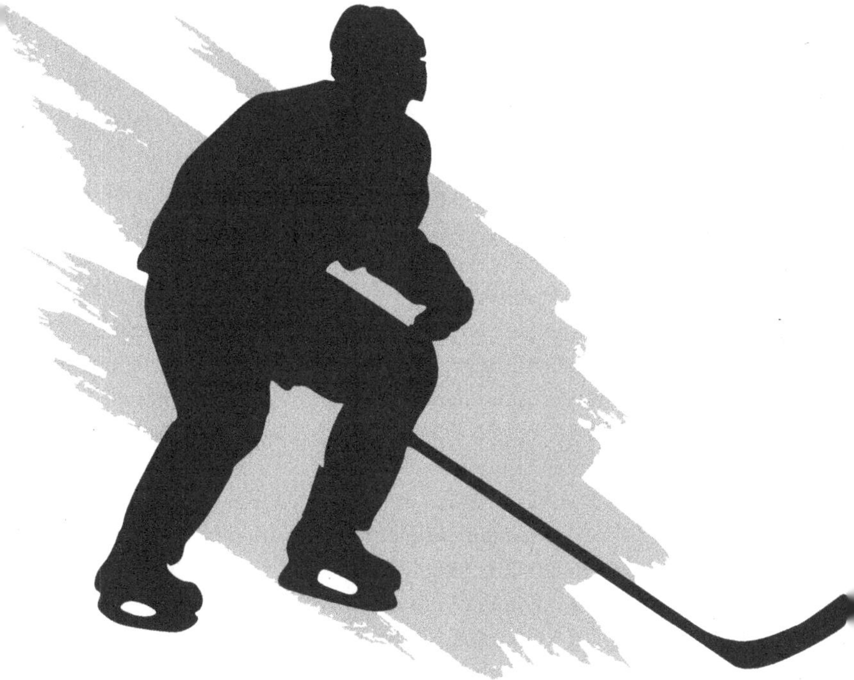

GRUND 1

Weil sie zu Köln gehören wie der Dom und der Karneval!

Die Kölner Haie sind fester Bestandteil der Kölner Sportszene, sie zählen nicht nur zu den bekanntesten Traditionsklubs im europäischen Eishockey, sondern sind vor allem in der Domstadt selbst und dort auch außerhalb der Eishockeyszene jedermann bekannt. Dies liegt an der engen Verbundenheit zwischen Verein und Stadt, aber auch daran, dass man fast alle großen Namen aus der Geschichte des deutschen Eishockeys mit den Haien in Verbindung bringen kann.

Erich Kühnhackl, Hans Zach, Uwe Krupp – diese Namen fallen den meisten sportaffinen Deutschen spontan ein, wenn sie überregional nach Eishockeyspielern und -trainern befragt werden. Alle drei spielten für die Kölner Haie und/oder trainierten sie. Es mag in Köln vereinzelt Bürger/innen geben, die mit dem Stichwort »Haie« den Basketballsport oder den Zoo in Verbindung bringen, aber derart spezielle Individuen gehen wahrscheinlich nur auf die Straße, um Pokémons zu fangen. Ansonsten bekommen sie von ihrer Umwelt wohl nicht so viel mit.

In Köln ist Eishockey so stark etabliert wie in kaum einer anderen deutschen Großstadt, das merkt man bei jedem Heimspiel des KEC. Alle Generationen sind vertreten, wenn die Haie spielen, auch zahlreiche weibliche Fans kommen zum Eishockey. Ganze Familien pilgern in die Deutzer Arena, die Hardcore-Fans von den Stehplätzen sind ohnehin immer da. Sie mussten sich in den Anfangsjahren der modernen Multifunktionsarena erst an die vielen »Eventies« auf den Sitzplätzen gewöhnen, denn im altehrwürdigen Eisstadion an der Lentstraße waren die »richtigen« Fans noch weitgehend unter sich. Doch mittlerweile hat man sich arrangiert, denn die Fans wissen: Erst oberhalb einer Besuchergrenze von 10.000 pro Partie machen die Haie Gewinn. Ohne Eventies ginge das nicht.

Besonders beliebt sowohl bei den sitzenden als auch den stehenden Besuchern sind natürlich die Derbys gegen Düsseldorf, weil die Kölner dann ihre traditionsreiche Hassliebe mit ihrer ungeliebten Landeshauptstadt ausleben können. Die »Mutter aller Derbys« ist in ganz Deutschland ein Begriff und sorgt für hohe Zuschauerzahlen. Überhaupt rangieren die Haie seit vielen Jahren unter den fünf am besten besuchten Eishockeyklubs in Europa. Bei den Haien treffen Tradition und Lokalpatriotismus aufeinander, ohne dabei altmodisch zu sein, denn auch die junge Generation pflegt den kölschen Kult. Und auch sonst eher progressiv eingestellte Kölner leben ihre Mundart und ihre Vereinsliebe, dies überlassen sie nicht den Konservativen.

Die Haie passen ganz genau in die kölsche Seele hinein, obwohl sich weder in ihrer Mannschaft noch in der Chefetage besonders viele gebürtige Kölner befinden. Doch auch das ist rund um den Dom kein Problem, an »Imis« (also Zugereiste) ist man seit Jahrhunderten gewöhnt. Erst kamen die Römer, dann die Franzosen, und Millionen Menschen befuhren schon immer den Rhein. Sie ließen sich links und rechts des Flusses nieder, es gab immer eine bunte Mischung. Egal, wo du herkommst – wenn du ein Kölsch mittrinkst und schunkeln kannst, gehörst du dazu (Schunkeln geht übrigens praktisch von allein, man muss lediglich keinen physischen Widerstand gegen die Attacken von links und rechts leisten).

Die Kölner Haie passen perfekt ins kölsche Klischee, ihre Spieler kommen aus Kanada, Schweden, Bayern und psst … sogar aus Düsseldorf. Zusammen sind sie Haie, und einige von ihnen bleiben ziemlich lange. Wie singen die »Bläck Föös« so schön in ihrem Song *Unsere Stammbaum*? »Su simmer all he hinjekumme, mir sprechen hück all dieselve Sproch, mir han dadurch so vill jewonne.« Man versteht außerhalb Kölns vermutlich nicht jedes Wort, aber die Message kommt rüber, oder? Merke: Der Kölner ist sprachlich gewandt, er kann zum Beispiel den Buchstaben »g« auf drei verschiedene Arten aussprechen (»Sejelfluchzeusch«).

GRUND 2

Weil sie in einem Atemzug mit »dem FC« genannt werden

Wo wir gerade bei kölschen Kultsongs sind: »Mir jonn zum F.C. Kölle, mir jonn zum KEC« singt die Kölner Kultband »De Höhner« in ihrem Gassenhauer *Viva Colonia*. In den meisten Städten rangieren die Eishockeyklubs irgendwo bei den Handballern (die ebenfalls viel mehr Aufmerksamkeit verdient hätten), aber in jedem Fall weit hinter den örtlichen Fußball-Bundesligisten. Nicht so in Köln, da kommt der KEC gleich nach »dem FC«, also dem 1. FC Köln. In Köln geht man zu den Haien. Selbst wenn der FC zufällig einmal zeitgleich in Müngersdorf spielt, sind in Deutz immer noch 10.000 Menschen beim Eishockey.

»Die Haie sind eine starke Marke«, pflegte der ehemalige KEC-Geschäftsführer Thomas Eichin zu sagen, und auch sein Nachfolger Peter Schönberger stimmte dieser Formulierung zu. Der besondere Status der Haie in Köln hat den Klub mehr als einmal vor dem finanziellen Untergang gerettet. Die Sportstadt Köln ist ohne die Haie kaum vorstellbar, die Fans identifizieren sich mit ihnen und tragen ihr Trikot mit Stolz. Viele unter ihnen seit Jahrzehnten. Und viele von ihnen gehen tatsächlich zu den Haien UND zum FC. Weil die beiden Klubs Köln sind und man als Kölner da hingeht. So einfach und selbstverständlich ist das in Colonia. In Köln am Rhein schlägt das Herz von der Welt, davon ist der Kölner felsenfest überzeugt.

In manchen Städten sieht man auf den Autos Aufkleber unterschiedlicher Sportvereine aus verschiedenen Orten quer durch die Republik. In Köln gibt es das sehr selten, hier steht man hinter FC und KEC, ganz egal, ob die gerade eine gute oder schlechte Saison spielen. Obwohl die Haie in den vergangenen Jahren eine sportliche Achterbahnfahrt hinlegten, blieben ihre Zuschauerzahlen konstant, auch bei den Dauerkarten. Das hat auch mit der kölschen Mentalität zu tun. Im Kölner »Grundgesetz« steht ausdrücklich, dass es kommt, wie es kommt, und dass noch immer alles gut gegangen ist. Daran glaubt der Kölner felsenfest, sein Optimismus ist nicht zu erschüttern. »Et es, wie et es, et kütt, wie et kütt, und et hätt noch immer jot jejange«. Auch ewiges Nachtrauern ist dem kölschen Jeck fremd: »Watt fott es es fott, et bliev nix wie et wor«.

Man kann über diese Lebenseinstellung diskutieren, man muss sie nicht teilen, aber in Köln ist es eben so, und es ist noch immer gut gegangen! Deswegen geht der Kölner zum FC und zum KEC, auch in schlechten Zeiten, weil eben alles irgendwann gut wird! Logisch, nicht? Den Haien wurde sogar verziehen, dass sie 1998 auf die rechte Rheinseite nach Deutz zogen. Auf die »Schäl Sick«, die »falsche Seite«. Das ging eigentlich gar nicht, der wahre Kölner hielt sich möglichst komplett linksrheinisch auf, und nun musste er plötzlich über die Brücke! Der Grund für die Diskriminierung der rechten Seite ist angeblich historisch bedingt: Früher lebten die Christen durch die römische Besiedelung auf der linken Seite, während rechts die heidnischen Germanen hausten. Links gab es Städte mit festen Mauern, rechts dünn besiedelte Dörfer und viel Hochwasser.

Dadurch wurde die rechte Seite zur falschen Seite, die es zu meiden galt (es gab damals auch noch keine Brücken). Das ist allerdings schon eine Weile her, und heutzutage ist die rechte Seite ziemlich gut besiedelt, was auch den Haien zu verdanken ist. So erwähnen alteingesessene Kölner nur noch mit einem Augenzwinkern, dass für sie streng genommen am anderen Rheinufer quasi Ostdeutschland beginnt. Oder zumindest das Ruhrgebiet, welches doch eigentlich »tief im Westen« liegt.

GRUND 3

Weil sie ein Karnevalsverein sind (und das toll finden)

Die meisten Gästefans haben den Schlachtruf »Ihr seid nur ein Karnevalsverein« längst aufgegeben, wenn sie in Köln sind. Damit wollten sie den Kölner eigentlich degradieren, lächerlich machen. Dort, wo sie herkommen, mag das sogar funktionieren. In Köln allerdings nicht. Ein Karnevalsverein ist in Kölle nichts Minderwertiges, viele Kölner sind sogar Mitglied in einer der über 100 Karnevalsgesellschaften. Wenn Gästefans dann doch einmal singen, die Haie seien nur ein Karnevalsverein, antworten die Anhänger der Haie meist mit einem fröhlichen »Alaaf«!

Sie fühlen sich dann eher geschmeichelt. Der KEC veranstaltet seit über 20 Jahren sogar eine eigene Karnevalssitzung, dann nehmen jedes Mal rund 1.000 Gäste teil, und die Kölner Sportprominenz gibt sich die Klinke in die Hand. Das Rahmenprogramm kann sich sehen lassen, alles, was im Kölner Karneval Rang und Namen hat, ist bei den Haien am Start. Von Brings bis zu den Bläck Föös. Dabei tut der Karneval den Haien nicht unbedingt gut, denn während der Straßenkarnevals in den Wochen bis zum Aschermittwoch ist die Kölner Arena immer mit Karnevalsveranstaltungen belegt, und die Haie können in dieser Zeit kein Heimspiel bestreiten.

Dadurch sind sie tagelang auf Auswärtstour und müssen die versäumten Heimspiele an zusätzlichen Tagen nachholen. Sie müssen dann oft dienstags spielen, was Zuschauer kostet. Häufig haben sie in dieser Zeit mehrere Heimspiele innerhalb weniger Tage, auch das kostet Zuschauer. Wer geht am Dienstag zum Spiel gegen Wolfsburg, wenn es drei Tage später eine Partie gegen Mannheim gibt? Doch diesen Nachteil nehmen die Haie gerne in Kauf, weil sie ein Karnevalsverein sind. Sich vom Karneval abzuwenden käme in

Köln nicht infrage. Beim Karneval versteht der kölsche Jeck keinen Spaß.

Eishockey passt sehr gut zum Karneval, weil Spieler und Fans sich das ganze Jahr über verkleiden und sich nach dem Überstreifen des Trikots plötzlich völlig anders benehmen als sonst. Wenn sie die Ausrüstung ablegen, sind sie wieder ganz normale Menschen.

GRUND 4

Weil sie tolerant sind

Ein anderer, etwas böserer Gesang auswärtiger Fans ist »Ihr seid die Hauptstadt der Schwulen«. Wobei dieser Spruch wesentlich mehr über die Gästefans als über Köln aussagt. Wer das Wort »schwul« negativ besetzt, outet sich als unangenehmer Zeitgenosse. An den Kölner Fans geht auch dieser Spruch vorbei, meist klatscht man nur höhnisch Beifall für diese originelle Idee, oder man ruft ein kräftiges »Bückt euch!« zur Gästetribüne. Köln hat eine große homosexuelle Community, und die jährliche Parade zum Christopher Street Day ist immer sehr gut besucht.

Damit hat der Kölner kein Problem, schließlich ähnelt die Veranstaltung dem Karneval. In Köln heißt es: Jeder Jeck ist anders. Das ist ganz normal, daran ist man seit Jahrhunderten gewöhnt. Allerdings muss man auch erwähnen, dass der Eishockeysport in mancher Hinsicht weniger fortschrittlich ist. Im Fußball gab es bereits Outings homosexueller Spieler (meistens nach der Karriere), im Eishockey hingegen noch nicht. Dabei muss es schon rein statistisch schwule Eishockeyspieler geben.

Es hat bei den Haien auch noch nie Vorfälle wegen rassistischer Äußerungen gegeben. Keine ekligen Affenlaute bei Spielern mit in Westeuropa ungewöhnlicher Hautpigmentierung, keine Bananen, nichts. Das gilt zum Glück auch für 99 Prozent aller anderen Eishockeystandorte. Eishockeyfans sind faire Fans, Rangeleien sind äußerst selten. Man geht mit den angereisten Kollegen ein Bier trinken, fachsimpelt über die Sportart, und jeder feuert seine Mannschaft an. Selbst bei den Derbys ist das so. Man betrachtet die rheinischen Gegner als »Lieblingsfeinde«. Natürlich will man sie unbedingt schlagen, aber ohne sie wäre es doch langweilig.

GRUND 5

Weil sie so ein großes Parkhaus haben

Besucher der Kölner Arena kennen das: Fährt man mit dem Auto nach Deutz oder mit der Bahn? Die Bahn ist billiger, und man hat vom Bahnhof Deutz einen gesunden Fußmarsch zur Arena, immer den Fans nach und den Hügel hinauf. Die Arena wirkt dann wie eine Burg, die man erklimmen muss. Unterwegs ist noch Gelegenheit, das eine oder andere Getränk abzugreifen. Früher ging man vor dem Spiel noch in die »Marie«, heute ist dort eine große Sportsbar. Überhaupt hat sich rund um die Arena über die Jahre viel verändert, es wurde reichlich gebaut. Nur eines ist immer noch gleich: das Parkhaus.

Man fährt durch den Tunnel und rechts in die Auffahrt, da gibt es übrigens zwei Spuren, man benutzt am besten die linke, weil fast alle rechts fahren. So kann man an allen Autos vorbei und hat an der Schranke schon reichlich Boden gut gemacht, weil rechts noch immer viele Fahrzeuge in der Schlange stehen. Noch mehr Zeit gewinnt man übrigens, wenn man sein Ausfahrt-Ticket (»Arena-Tarif«) beim Parkhaus-Aufseher löst (da gibt es auch noch einen Automaten), statt sich in die Besucherschlange an den anderen Automaten anzustellen.

Bevor man aber dort ankommt, muss man erst einmal eine wichtige Entscheidung treffen: Wo stelle ich mein Auto ab? Fahre ich erst einmal bis ganz hinten durch? Dann bin ich nach dem Spiel näher an der Ausfahrt und stehe nicht im Stau. Dafür muss ich einen längeren Fußmarsch zur Arena in Kauf nehmen. Also so nah wie möglich an der Spindel von der Einfahrt parken? Das bedeutet einen kurzen Weg zur Arena, aber nach dem Spiel muss man längere Wartezeiten einplanen. Schwierige Entscheidung.

Das Gute: Wenn man nicht gerade zu einem Derby gegen Düsseldorf erst fünf Minuten vor dem ersten Bully anreist, findet man eigentlich immer einen Parkplatz. Richtig eng wird es bei Weltmeisterschaften, aber die finden ja nur einmal pro Jahrzehnt in Köln statt. Es ist übrigens etwas teuer, wenn man das Arena-Parkhaus benutzt. Der Arena-Tarif kostet pauschal 5,50 Euro, dafür kann man bis zum nächsten Morgen um 6:00 Uhr parken. Das reicht selbst für Play-offs gegen Mannheim.

Beim Einlass kann es übrigens zu lustigen Szenen mit den Ordnern kommen. Es gibt bei den Kontrollen keine einheitliche Linie, jeder Ordner verhält sich anders. Der Autor dieses Buches hatte mal einen Apfel dabei, denn so ein Arbeitstag bei den Haien ist lang, da kann man schon einmal Hunger bekommen. Trotz des Presseausweises verlangte ein Ordner dann die Abgabe des Apfels (potenzielles Wurfgeschoss), eine Ausnahme sei nur für Diabetiker zugelassen, die dann auch noch ein ärztliches Attest mitbringen müssten.

Nach längeren Diskussionen kam eine andere Ordnungsperson hinzu, warf einen Blick auf die Pressekarte und auf den Apfel, rollte mit den Augen, machte den Weg frei und wünschte viel Spaß. Manchmal siegt auch bei Ordnern der gesunde Menschenverstand über die Vorschriften. Sollte übrigens mal ein Apfel aufs Eis geworfen werden, muss man den Täter einfach nur unter den anwesenden Diabetikern suchen.

GRUND 6

Weil: Wo die Haie sind, ist Köln!

»Wo mer sin is Kölle«, singen die »Höhner«. Das gilt auch für die Haie, denn zu jedem Auswärtsspiel bringen sie reichlich Fans mit. Der Kölner Anhang ist reisefreudig und immer mit von der Partie. Das Fanprojekt organisiert sogar Sonderzüge zu Auswärtsspielen, und unter 500 Teilnehmern fahren die gar nicht mehr los. Da ist immer viel Stimmung an Bord, auch wenn es nicht immer gut geht. Ende 2016 fuhren rund 600 Fans nach Bremerhaven und erlebten dort ein Debakel – die Haie lieferten ihre schlechteste Saisonleistung ab und kassierten eine 0:6-Klatsche.

Besonders beliebt bei den Haiefans sind natürlich die Reisen in die verbotene Stadt, auch bekannt als »das Dorf an der Düssel«. Dort reisen sie gerne per Schiff den Rhein hinauf (und hinunter). Mit viel Musik und noch mehr Kölsch an Bord ist die Fahrt ein absolutes »Hailight« in jeder Saison. Davon profitieren auch die Gegner des KEC, denn die Hütten sind voll, wenn der Hai auftaucht. Gerade bei den NRW-Rivalen. Versuchen Sie mal, in Iserlohn eine Eintrittskarte gegen Köln zu bekommen. »Dort macht es noch Spaß, da wird man noch gehasst«, freute sich Ex-Manager Rodion Pauels einst über die Derbys im Sauerland.

GRUND 7

Weil es das »Henkelmännchen« gibt

Als die Kölnarena 1998 erbaut wurde, verpasste man ihr einen architektonischen Leckerbissen: einen großen Bogen, der sich über das gesamte Dach erstreckt und so zu einer Erweiterung der Kölner Skyline wurde. Er wurde in Polen produziert, sein Scheitelpunkt ist

76 Meter hoch. Der Bogen ist für Wartungszwecke begehbar. Von Weitem sieht der Bogen aus wie ein Henkel, an dem man die Arena wegtragen könnte (dazu bedürfte es aber einer riesenhaften Fabelgestalt). So wurde der damals neuen Arena der Spitzname »Henkelmännchen« verpasst.

Gegenüber der Arena befindet sich ein großes Restaurant, das man kurzerhand »Henkelmännchen« taufte. Das Henkelmännchen ist vor und nach jedem Spiel der Haie Treffpunkt der Besucher, dort können sie auf großem Raum essen und trinken. Schon deswegen ist der Henkelmann Kult, zumal dort auch Spiele auf Großleinwänden übertragen werden können.

Für die Fans ist das Restaurant aber auch Begegnungsstätte mit den Spielern. Mehrmals im Jahr (Weihnachten, Saisonabschluss, etc.) kommen die Stars ins Henkelmännchen und mischen sich unter die treuen Anhänger. Dazu ist das Henkelmännchen ganz besonders gut geeignet, weil die Spieler von ihrer Kabine einfach nur über den Vorplatz der Arena gehen müssen. Im Innenraum der Lokalität befindet sich eine steile Treppe, die zu einer Empore führt, auf der die Mannschaft Platz hat.

Moderator Oliver Frühauf hat dadurch die Möglichkeit, die Spieler einzeln aufzurufen und sie auf der Treppe für die Fans zu interviewen, bevor sie sich »unters Volk« mischen. So kann sich jeder Spieler einzeln den Anhängern präsentieren. Kurze Wege, enger Kontakt und viel Kölsch: Das Henkelmännchen ist die perfekte Lokalität für die Kölner Haie.

GRUND 8

Weil Düsseldorfer erst in Köln richtig gut werden

Zwischen Köln und Düsseldorf besteht, wie in diesem Buch oft beschrieben, eine intensive Rivalität. Diese zeigt sich natürlich auch im Eishockey. Interessanterweise ist selten einmal ein Kölner nach Düsseldorf gegangen, um dort Profi zu werden. Den umgekehrten Weg gingen viel mehr Spieler. Woran mag das liegen? Vielleicht haben die Düsseldorfer mit der Stadt Köln wesentlich weniger Berührungsängste, als es umgekehrt bei Kölnern mit der verbotenen Stadt der Fall ist. Vielleicht sind es einfach auch nur sportliche Gründe, und es hat sich alles einfach nur so ergeben. Wir müssen ehrlich sein, vermutlich ging kein Düsseldorfer zu den Haien, weil er aus Gründen der rheinischen Rivalität auf keinen Fall zur DEG wollte.

Einer der ersten Düsseldorfer, die es zu den Haien verschlug und der sich deswegen jahrelang Spott anhören musste, war Tino Boos. Boos wurde in Düsseldorf geboren und spielte dort im Nachwuchs. In seinem ersten Profijahr wurde er mit Düsseldorf gleich Deutscher Meister. Dann wechselte er aber nach Kassel, um mehr Eiszeit zu bekommen. Im Jahr 2000 ging Tino nach Köln und blieb dort sieben Jahre. Er wurde mit den Haien 2002 Deutscher Meister. Als Mittelstürmer spielte er eine tragende Rolle im Team und war zeitweise sogar zweiter Kapitän. In dieser Zeit musste Tino wegen seiner Biografie oft Fragen zur rheinischen Rivalität beantworten. 2007 ging er nach Hannover und wurde dort noch einmal Meister. 2011 erhielt er in Niedersachsen keinen Vertrag mehr und beendete seine Laufbahn. Dann kam es aber doch noch einmal zu einer Rückkehr nach Köln, denn die Haie brauchten einen Mittelstürmer für die vierte Reihe. »Das war für mich wie eine Wiedergeburt«, sagte Tino damals. Er spielte die Saison in Köln zu Ende und ging noch einmal zurück nach Düsseldorf, wo er verletzungsbedingt in den Ruhestand treten musste.

Ein anderer Düsseldorfer, der erst in Köln seinen Durchbruch schaffte, ist Torhüter Danny aus den Birken. Er konnte sich als junger Torhüter in Mannheim und Iserlohn nicht so richtig durchsetzen. 2010 kam er zu den Haien und schlug voll ein. Er wurde zum »Aufsteiger des Jahres« gewählt und blieb bis 2015 in Köln. Mit den Haien wurde er zweimal Vizemeister. 2015 wechselte er zu Red Bull München und wurde dort als Ersatztorhüter Deutscher Meister.

Der bekannteste Düsseldorfer Junge im Kölner Trikot ist allerdings Philip Gogulla, von dem in anderen Kapiteln dieses Buches oft die Rede ist. Bei ihm war besonders präsent, dass er während seiner langen Kölner Zeit (seit 2004 mit einem Jahr Unterbrechung in Nordamerika) in Düsseldorf wohnte. Im Januar 2017 nahmen ihn die Düsseldorfer auf die Schippe, indem sie mit einer Blaskapelle vor seinem Düsseldorfer Reihenhaus aufmarschierten und Lieder spielten wie *Wärst du doch in Düsseldorf geblieben*. Philip nahm es mit Humor und bereitete zwei Tage später im Derby mit einem tollen Pass den Sieg der Haie vor. Gogulla erklärt die Rivalität aus seiner Sicht: »Köln ist erst einmal fast doppelt so groß wie Düsseldorf«, sagt er. »Die Menschen sind in beiden Städten etwas verschieden, in Köln ist man aufgeschlossener, die Düsseldorfer gelten manchmal als etwas hochnäsig. Dann gibt es auch historische Gründe, und beide Städte liegen nur etwa 40 Kilometer auseinander. Für das Eishockey ist diese Rivalität eine tolle Sache, solange alles friedlich bleibt.« Gogulla erklärte auch, warum er nicht in Köln lebt: »Ich habe auch ein paar Jahre in Köln gewohnt, es ist nur jobmäßig leichter für meine Lebensgefährtin, wenn wir in Düsseldorf wohnen«, sagt er. »Ich spiele für die Haie, seit ich 16 war, und fühle mich sehr wohl. Köln ist top organisiert, hier hat man immer die Chance, um die Meisterschaft zu spielen.«

Zu den Derbys kommen immer viele Freunde und Verwandte, wenn Gogulla mit seiner Wahlheimat gegen seinen Wohnort spielt. »Die Familie wird mir wohl die Daumen drücken, die Freunde sind eher für Düsseldorf. Aber das ist okay, solange wir nur das Spiel gewinnen«, sagt er. Es gab weitere Spieler wie Helmut de Raaf oder Pascal Zerressen, die im Düsseldorfer Umland geboren wurden und für Köln spielten, aber die drei gebürtigen »Düssis« Boos, Aus den Birken und Gogulla wurden am häufigsten mit der Besonderheit ihrer Herkunft konfrontiert.

GRUND 9

Weil sich nur »Hölle« auf »Kölle« reimt

Eishockey ist schwer zu spielen, im Grunde ist es damit wie mit einem Musikinstrument: Es ist leicht, ein wenig zu klimpern, aber wenn man sein Geld damit verdienen will, sind viele Jahre harter Arbeit nötig. Und wenn Eishockey und Musik zusammenkommen, wird es richtig schwierig. Das hört man an den vielen Vereinshymnen, die vor den Spielen in allen Arenen gespielt werden. Bei manchem Text verzieht man schon einmal das Gesicht und denkt, dass hier nicht unbedingt Poeten am Werk waren. Aber es ist auch wirklich nicht leicht, tolle Songtexte wie »Hockey Game, it's the best game you can name« zu erfinden. Manche Klubnamen sind auch schwierig, das muss man zugeben. Oder Städtenamen. Auf Berlin oder München zu reimen, ist leicht. Perfekt ist Straubing. Ding, sing, schwing, geht alles. Ingolstadt ist auch prima. Matt, platt, satt. Oder Bremerhaven, wo die Braven schlafen. Bei den Burgen ist es schon schwieriger. Wolfsburg, Augsburg ... Hamburg hat sich ja erledigt. Auch Düsseldorf ist vom Reimpotenzial nicht leicht, da gibt es keine große Auswahl. Ganz übel ist Köln. Was reimt sich auf Köln? Über die Haie gibt es sehr viele Lieder und Hymnen, weil Köln durch den Karneval eine große Musikszene hat. Doch an den Haien sind schon viele Komponisten ganz offensichtlich verzweifelt. Man behilft sich dann mit dem Synonym »Kölle«. Aber auch da sieht es mau aus, da geht eigentlich nur »Hölle«. Und so stößt man in Köln immer wieder auf Zeilen wie »Kalt, kälter, Kölle, auf dem Eis sind wir die Hölle.« Nicht schön, aber was soll man machen? Wenn man in einer Suchmaschine »Kölle Hölle« eingibt, bekommt man viele Treffer. Eine entsprechende Hymne war *Hoch, höher, Haie* von Brings. Die schrieben einen tollen Song und arbeiteten im Text die Gegner der Haie ab. Gute Idee, leider verschwinden im Eishockey viele Klubs sehr schnell, und dann ist ein Text über »Huskies (Kassel)« und »Löwen (Frankfurt)« plötzlich von gestern. Apropos gestern:

Im 20. Jahrhundert war es leichter mit den Songtexten, da war man noch nicht so korrekt wie heute. Die »3 Colonias« sangen damals einfach: »Wir sind die Haie, wir fressen alles auf. Bei uns kriegt jeder Gegner so richtig einen drauf. Wir sind die Haie, wir wollen Meister sein. Drum hau'n wir jetzt die Scheibe noch mal rein.« So ein Text wäre heutzutage unmöglich, zunächst einmal möchte man in der Marketing-Abteilung nicht als »gefräßig« dastehen, das wäre keine gute Art, das Produkt KEC zu bewerben. Dann sollte man heute nicht singen, dass der Gegner »einen drauf« kriegt, damit motiviert man ihn womöglich, die Trainer hassen solche Einflüsse von außen, die sie nicht kontrollieren können. Jeder Pressesprecher würde das heutzutage streichen. Dasselbe gilt für »wir wollen Meister sein«. Mit solchen Aussagen setzt man Trainer und Spieler unter Druck, das geht gar nicht. Heute würde man formulieren: »Wir wollen so viele Punkte wie möglich holen und im Frühjahr unser bestes Eishockey spielen.«

Es gab noch eine Hymne von den »Kolibris« mit dem Titel *Wir sind Haie*. Da ging es eher klassisch zu, wie in den zahlreichen Hymnen anderer Sportklubs. »Du bist mein Verein, du sollst ewig deutscher Meister sein«.

Seit 2013 gibt es die »offizielle« Haie-Hymne von der Band »Hanak«: *Mer halde zesamme*. Wie bereits in diesem Buch erwähnt, ist der Zusammenhalt für den Kölner sehr wichtig und er wird auch hier thematisiert. »Un mir halde zesamme KEC, un mir kämpfe zesamme KEC, off em Himmel, oder Hölle, mir sin Haie, mir sin Kölle (da ist die Hölle wieder), un mir halde zesamme KEC. Musikalisch war man hier nicht so einfallsreich wie Brings oder die anderen, man coverte den Klassiker *My oh My* von der Gruppe »Slade« (1983). Aber das war damals schon ein toller Song, und die Hymne des 1. FC Köln ist schließlich auch nur ein Cover und das auch noch von 1841 (schottisches Volkslied *Loch Lomond*). Die Fans lieben es, und darauf kommt es an!

GRUND 10

Weil die Haie im Wohnzimmer der Nationalmannschaft spielen

Die Kölnarena/Lanxess Arena war 2017 bereits zum dritten Mal Austragungsort einer Eishockeyweltmeisterschaft. Und jedes Mal ging ein ganz besonderer Zauber von Köln aus, jedes Mal spielte die deutsche Mannschaft unvergessliche Partien. Zum ersten Mal ging die Nationalmannschaft 2001 in Köln an den Start, am 28. April 2001 gewann sie ihr Auftaktspiel gegen die Schweiz mit 3:1. Marco Sturm, der heutige Bundestrainer und Ex-Hai, schoss eines der drei Tore. Von den Kölner Haien waren Jörg Mayr und Mirko Lüdemann am Start, die späteren Haie Andreas Renz und Robert Müller waren ebenfalls im Aufgebot. Bundestrainer war Hans Zach, der ein Jahr später zu den Haien wechseln sollte. Die deutsche Mannschaft schaffte es bis ins Viertelfinale, wo sie Finnland unterlag.

2010 war Köln erneut Heimspielstätte der WM, der damalige Generalsekretär und heutige Präsident des Deutschen Eishockey-Bundes Franz Reindl bezeichnete die Kölner Arena in Erinnerung an die tolle Stimmung 2001 als »Wohnzimmer« der deutschen Auswahl. Diesmal gingen nur Marcel Müller und Christoph Ullmann als Haie-Spieler ins Turnier. Die späteren Kölner Christian Ehrhoff,

Alexander Sulzer, Kai Hospelt, John Tripp, Philip Gogulla, Felix Schütz und Patrick Hager standen ebenfalls im Kader. Gogulla spielte damals ein Jahr in Nordamerika, kam nach der WM aber mit Heimweh nach Köln zurück. Das Team von Bundestrainer Uwe Krupp, dem späteren Haie-Coach, spielte eine sensationelle WM und erreichte das Halbfinale. Es war das beste Turnier einer deutschen Mannschaft seit Menschengedenken. Zwei Jahre zuvor hatte Reindl noch in Gegenwart der Medien laut davon geträumt: »Bei der Heim-WM mal ins Halbfinale, das wär's!« Uwe Kupp antwortete damals: »Franz, was rauchst du? Ich will auch was davon, das scheint gut zu sein!« Tja, manchmal werden Träume eben wahr. In Köln, wo sonst?

2017 kam die WM erneut an den Rhein. Diesmal waren die Kölner Spieler Moritz Müller, Christian Ehrhoff, Philip Gogulla und Patrick Hager dabei. Ehrhoff war im Turnier der Spieler mit den meisten Einsatzminuten, Müller spielte wie immer solide, Gogulla musste am Ende trotz guter Leistungen dem jungen deutschen NHL-Star Draisaitl Platz machen, und Hager spielte gut, fing sich aber eine Sperre nach einem Foul ein. Es waren seine letzten Heimspiele in der Kölner Arena, er wechselte zu Red Bull München.

GRUND 11

Weil sie in Europas größter Mehrzweckhalle spielen

Bis weit in die Neunzigerjahre hinein gab es nur in Nordamerika große Mehrzweckhallen, in denen Eishockey gespielt wurde. Staunend fuhren deutsche Eishockeyfans über den Großen Teich, um die besten Spieler der Welt in den riesigen Arenen zu bewundern. New Yorks Madison Square Garden oder der Maple Leaf Garden in Toronto waren Kultstätten des Welteishockeys.

In Deutschland wurde in kleinen Hallen gespielt, oder im klassischen Eisstadion, das teilweise noch an der Seite offen war. Oft standen die Zuschauer an vielen Spielorten Deutschlands dicht gedrängt bei frostigen Temperaturen, manchmal brachten sie leere Bierkästen mit, auf die sie sich stellten, um unter dem Dach überhaupt etwas von der Eisfläche sehen zu können. In Köln war man mit dem geschlossenen Stadion an der Lentstraße noch gut bedient.

Erst 1996 begann man in Köln die erste große Mehrzweckhalle zu errichten, die Kölnarena. Mit einem Fassungsvermögen von bis zu 20.000 Zuschauern (beim Eishockey bis zu 18.700) ist sie bis heute die größte Mehrzweckhalle in Europa.1998 zogen die Haie dort hinein und mussten damit erst einmal klarkommen. Die Perspektive beim Spiel war völlig anders als in den kleinen Hallen, der Abstand zur Eisfläche in den oberen Block ist enorm. Natürlich ging vieles von der legendären Stimmung im Eisstadion nun verloren. Die Fans standen plötzlich getrennt an den entgegengesetzten Enden der Eisfläche. Dies alles war sehr gewöhnungsbedürftig und wurde von den alteingesessenen Fans damals heftig kritisiert.

Es wurde seit dem Einzug in die heutige Lanxess-Arena auch immer wieder über einen Neubau spekuliert, da die Arena im Normalfall nur zu 60 Prozent ausgelastet ist und keine so intime Atmosphäre bietet wie andere, kleinere Arenen, die nach ihr in Düsseldorf, Mannheim oder Berlin gebaut wurden. Dafür war die Kölnarena für Weltmeisterschaften ideal, 2017 fand dort schon zum dritten Mal eine WM statt. Auch finanziell war die neue Arena für die Kölner Haie eine Herausforderung. Plötzlich brauchte man 10.000 Zuschauer pro Spiel, um überhaupt die Kosten für das viele Personal und die Technik decken zu können.

Man musste seinen alten Zuschauerschnitt praktisch über Nacht verdoppeln, um auf dieselben Einnahmen zu kommen wie zuvor, als man mit ein paar ehrenamtlichen Mitarbeitern auskam. Außerdem waren die Haie plötzlich nur noch Mieter und mussten sich dem Belegungsplan der Arena unterordnen. So kam es immer wieder zu Konflikten vor allem in den Play-offs, wenn die Termine Monate im Voraus blockiert sein müssen, ohne dass man überhaupt weiß, ob dann noch gespielt wird. Mitunter konnte man dann auch gar nicht Eishockey spielen, weil die Termine nicht frei gehalten wurden und an Spieltagen plötzlich Konzerte stattfanden. Im Frühjahr 2016 wurde es besonders knifflig, weil die Arena ein Handball-Länderspiel für den 1. April bekannt gab, die Haie dann aber das Halbfinale erreichten und diesen Tag für ihr Play-off-Spiel brauchten. So mussten die Handballer trotz 13.000 verkauften Tickets den Spielort wechseln. Play-offs im Eishockey gingen halt vor.

GRUND 12

Weil Steven Spielberg den perfekten Soundtrack lieferte

Jeder kennt diese Musik, jeder kennt diesen Film. 1975, also nur drei Jahre nach Gründung der Kölner Haie, brachte der damals noch relativ unbekannte Regisseur Steven Spielberg einen Film heraus, der die Menschen das Gruseln lehrte: *Der Weiße Hai*, oder *Jaws*, wie der Film im Original hieß. »Kiefer«, sehr treffend. Heutzutage würde man einen solchen Film sicher mit vielen animierten Effekten drehen, der blutrünstige Hai würde im Mittelpunkt stehen, man würde zeigen, wie seine Zähne sich in menschliche Körper bohren, die Gedärme herausreißen.

Spielberg brauchte so etwas nicht, er ließ den Zuschauer die Bedrohung fühlen, indem er den Hai kaum zeigte, sondern die Bedrohung in den Vordergrund stellte. Dazu trug die Musik einen großen Teil bei. Mit einem Stakkato aus zwei Achtelnoten wird enorme Spannung erzeugt, man spürt die herannahende Gefahr, ein perfekter Soundtrack. Komponist John Williams erhielt 1976 den Oscar für die Filmmusik, er ist einer der größten Filmmusik-

Schreiber aller Zeiten, komponierte unter anderem auch für *Star Wars* und *Harry Potter*. Gut genug für die Kölner Haie.

Mit seinem Filmklassiker hat Spielberg den echten Haien keinen Gefallen getan, viele Haiarten stehen vorm Aussterben, und obwohl sie für das Ökosystem Ozean enorm wichtig sind, hat der Mensch Angst vor ihnen und hält nur einen toten Hai für einen guten Hai. Doch für die Kölner Haie ist die Musik ein Glücksfall, man kann sie vor den Spielen laut einspielen, erzeugt damit enorme Spannung, und jeder hat sofort einen Bezug zum Hai. Perfekt. Ob Steven Spielberg davon weiß?

GRUND 13

Weil sie mit flexiblen Banden und moderner Technik spielen

Die Kölnarena war bekanntlich die erste Multifunktionsarena, in die ein Eishockeyteam umzog. So ein Gebäude muss nicht nur unterhalten, sondern auch immer wieder aufgerüstet werden. Vorbild sind hier wieder einmal die Amerikaner, da braucht man sich nur den legendären Madison Square Garden in New York City anzusehen. Der wurde in den vergangenen 20 Jahren so sehr umgebaut, dass man ihn von innen kaum noch wiedererkennen kann.

Die Kölner Arena ist weniger stark verändert worden, doch technisch hat sich einiges getan. Vor ein paar Jahren gab es einen neuen Videowürfel, der nächste wird vermutlich nicht mehr lange auf sich warten lassen, wenn man die Entwicklung der riesigen Bildwände verfolgt. 2016 erhielten die Haie als Erste in Deutschland eine sogenannte »Flex-Bande«. »Das ist ein ganz anderes Spielgefühl. Es fühlt sich besser an und sieht auch besser aus«, sagte Moritz Müller zu der neuen Verglasung. Die Banden geben nun bei einem Aufprall nach, sie sind nicht starr, sondern flexibel. Die neue Abtrennung reduzierte laut einer unabhängigen Studie nicht nur die Verletzungsgefahr um 29 Prozent, sie war auch 15 Zentimeter niedriger als die alte Bande und ermöglichte so Spielern und Zuschauern eine bessere Sicht.

Das stimmte, man konnte mit der neuen Bande plötzlich viel mehr von den Spielern sehen als zuvor, wenn sie sich im Bandenbereich aufhielten. Nur von einzelnen Stehplätzen aus hatte sich die Sicht verschlechtert, ansonsten war das Plus an Übersicht bemerkenswert. Entscheidend war jedoch die Flexibilität. »Checks in die Bande bergen besonders die Gefahr von Schulter- und Kopfverletzungen verbunden mit einer Gehirnerschütterung. Die neue Flexbande ist deshalb sehr wichtig. Wir investieren viel in unsere Spieler und wollen natürlich, dass sie gesund bleiben«, sagte Haie-Sportdirektor Mark Mahon.

Die Umstellung auf das Bandensystem der finnischen Firma Raita ließ sich die Arena knapp 300.000 Euro kosten. Durch ein neuartiges Klicksystem reduzieren sich die Umbauzeiten in der Mehrzweckarena auf etwa fünf Stunden.

Wegen der hohen Kosten hat noch keine andere Arena in Deutschland nachgezogen, den Haien kam hier wieder einmal zugute, dass sie WM-Standort sind. Auch andere Arbeiten wurden zur letzten WM durchgeführt, so erhielt die Arena eine neue LED-Lichtanlage. Nun kann man sehr schnell nach dem Abdunkeln die Helligkeit wiederherstellen, zudem sind interessante Lichteffekte möglich.

Spektakulär ist auch die Projektion auf die Eisfläche, die man quasi als Leinwand nutzen kann. Gestochen scharfe Bilder der Spieler und sogar Filmszenen kann man gigantisch groß auf die Eisfläche werfen.

GRUND 14

Weil sie ihre größten Erfolge an »der Lente« feierten

Wer den Eishockeysport mit der Stadt Köln in Verbindung bringt, denkt wohl zunächst an die Kölnarena, wo die Haie seit 1998 spielen. In diesem Jahr fand dort bereits zum dritten Mal eine Eishockey-WM statt. Doch wer in Köln bereits seit vielen Jahren Eishockeyspiele besucht, erinnert sich mit Wehmut an das alte Eisstadion an der Lentstraße, die »Lente«. Denn die größten Erfolge ihrer Vereinsgeschichte feierten die Haie zwischen 1977 und 1998 im 7.500 Zuschauer fassenden Eistempel an der Lentstraße, der mit seinem Kuppeldach noch heute in Erinnerung geblieben ist. Die Erinnerungen müssen allerdings konserviert werden, denn die »Lente« fiel 2008 der Abrissbirne zum Opfer.

Haie-Nachwuchschef Rodion Pauels kam 1973 als Nachwuchsspieler zum ersten Mal in die »Lente«. »Mir sind aus dieser Zeit vor allem die urigen Kabinen in Erinnerung«, blickt er zurück. »Das waren eher Verließe ohne Fenster, und man konnte nicht aufrecht stehen.« Die Halle an sich war aber alles andere als unansehnlich, wie Pauels bestätigt. »Das lichtdurchlässige Hallendach war architektonisch sehr schön«, sagt er. »Mir bleiben vor allem die Balkone auf den Tribünen in Erinnerung, die den Innenraum prägten, bevor man eine Sitzplatzseite durch Stehplätze ersetzte. Die waren ursprünglich für Eiskunstlauf-Veranstaltungen gedacht und verliehen der Halle ein besonderes Flair.«

Viele Kultstätten des deutschen Eishockeys entstanden in der Zeit vor den Olympischen Winterspielen 1936, so auch das »Eis- und Schwimmstadion Köln«, wie die Halle offiziell hieß. Es handelte sich dabei zunächst tatsächlich um ein Stadion, denn erst 1964 wurde es überdacht, obwohl bereit 1955 Spiele einer Eishockey-WM dort stattgefunden hatten. Überhaupt fand der Eishockeysport schnell eine Heimat im neuen Stadion, im Jahr des Baus entstand bereits der »Kölner Eisklub«, aus dem 1972 die Eishockeyabteilung austrat und sich unter dem Namen »Kölner Haie« selbstständig machte.

Damit begann die Erfolgsgeschichte der Eishalle, sieben Meisterschaften wurden dort bis zum Umzug der Haie in die Kölnarena gefeiert. Dabei war der Zuschauerzuspruch anfangs noch gering, zu Zeiten des »KEK« kamen nur rund 1.500 Besucher pro Spiel, man dümpelte meist in der Oberliga herum. Mit Gründung der Haie verdoppelte sich der Schnitt schon einmal, doch selbst im Meisterjahr 1977 wurde die »Lente« nur bei Top-Spielen bis auf den letzten Platz gefüllt. Die Haie waren nun ein Top-Team der Bundesliga, der inzwischen verstorbene Präsident Jochem Erlemann holte den damaligen Superstar des deutschen Eishockeys an den Rhein: Erich Kühnhackl. Am 8.10.1976 gab »der Lange« vor 6.000 Zuschauern sein Debüt, man verlor allerdings mit 3:5 gegen Krefeld. Doch am Ende der Saison feierten die Haie auswärts ihren ersten Meistertitel, beim KEV, die »Lente« musste noch auf die erste Meisterfeier warten. Und noch immer blieb die Halle meist halb leer.

»Unsere Kölner sind ein überfüttertes Opernpublikum, das die Mannschaft nicht stimulieren kann«, schimpfte Erlemann 1978, die zweite Meisterschaft wurde geholt, wieder auswärts. Erst am 23. April 1984 fand in der »Lente« mit einem 5:0 über Landshut endlich eine Meisterfeier statt, und die Halle bebte. Offiziell waren 6.800 Zuschauer anwesend, tatsächlich sollen es 9.000 gewesen sein. Allerspätestens ab diesem Zeitpunkt war die »Lente« ein Zuschauermagnet. Neben den sieben Meisterschaften bestritten die Haie an der Lentstraße zudem das dramatische Europapokal-Finale 1995, welches man erst im Penaltyschießen gegen Jokerit Helsinki verlor.

Doch auch am altehrwürdigen Stadion nagte der Zahn der Zeit, die Haie gingen in den Neunzigern schon mal auf die Straße, um für eine neue Arena zu demonstrieren. Die kam dann bekanntlich

1998, man zog als erster deutscher Klub überhaupt in eine riesige Multifunktionsarena. »Das war natürlich nicht mehr so familiär wie in der Lentstraße«, sagt Pauels. »Es war schon ein komisches Gefühl, zumal man einen Teil seiner Kindheit und Jugend in der alten Halle verbracht hatte. Spieler wie Andreas Lupzig hatten richtig Wehmut.« Im März 2007 musste die Halle an der Lentstraße wegen Einsturzgefahr des durch Holzbalken gehaltenen Daches geschlossen werden, ein Jahr später kam die Abrissbirne. Als Eishockey-Kultstätte dient heute die Kölnarena/Lanxess-Arena, welche 1998 noch von vielen Fans als »zu kalt und unpersönlich« abgelehnt worden war. So ist eben der Lauf der Zeit.

GRUND 15

Weil Erinnerungen so schön sind

Detlef Langemann war bekanntlich erster Meister-Kapitän der Kölner Haie (1977 und 1979) und denkt mit Wehmut an die Zeiten der Lentstraße zurück. Besonders bleibt ihm der erste Titel in Erinnerung: »Als Kapitän in meiner Heimatstadt den Pokal in die Höhe zu stemmen war einfach das Größte!« Langemann blickt gerne auf die alte Eishalle zurück. Das war noch eine reine Eishalle, die man nicht mit allen möglichen Veranstaltungen teilen musste«, sagt er. »Es war eng, verraucht, kalt, da konnte keiner fliehen. Die Kabinen waren eigentlich eine Katastrophe, aber sie waren toll! Auch die Lage, die Zufahrt, der Vorplatz waren optimal. Es war dort intim, man konnte jeden einzelnen Zuschauer hören und hatte auch Kontakt mit den Fans, weil man am Ausgang der Kabinen direkt neben der Halle stand. Ich bin mir sicher, dass wir so manches später in der Kölnarena verlorene Spiel an der Lentstraße gewonnen hätten, weil der Heimvorteil einfach viel größer war!«

Der Abriss der alten Halle tat Langemann richtig weh. »Ich bin zur Baustelle gegangen, habe mir einen Stein genommen, ihn auf ein Podest gestellt und daraus ein kleines Denkmal für meinen Garten machen lassen«, erzählt er. »Bei der Beerdigung des ehemaligen Präsidenten Jochem Erlemann habe ich noch mit Erich Kühnhackl Anekdoten ausgetauscht. Erich sagte in einer kleinen Ansprache, er sei gerade vorher noch einmal an der Lentstraße gewesen und hätte die Erinnerungen durchlaufen lassen.«

Für die alten Helden der Kölner Haie war ein Besuch der Lentstraße wie ein Gang auf einen Friedhof zum Grab eines alten Freundes. »Ich erinnere mich, dass ich mal mit Uwe Krupp nach seinem Stanley-Cup-Sieg 1996 an der Halle war und mit ihm über alte Zeiten redete«, schwärmt Langemann. Wie saßen am leeren Stadion und ließen alles Revue passieren. Die Erinnerungen, die mit dem Stadion verbunden sind, sind Wahnsinn. Die Lentstraße war einfach eine Kultstätte.«

GRUND 16

Weil es an der »Lente« legendäre Spiele gab

In der alten Halle wurden viele Titel gewonnen, so gab es natürlich Spiele, die bis heute legendär sind. Am 25. März 1973 zum Beispiel. »Damals gewannen wir mit 16:1 gegen Mittenwald und stiegen in die Bundesliga auf«, erinnert sich Detlef Langemann. »Wim Hospelt und ich schossen je sechs Tore, das haben wir nie wieder geschafft.« Ebenfalls bemerkenswert: In jenem Spiel erhielt bis auf fünf Feldspieler und die Torhüter jeder Akteur eine Match- oder Spieldauerdisziplinarstrafe.

Im Februar 1974 schaffte Köln mit einem 6:4 über Landshut den Klassenerhalt. »Es wurde nach einem 5:1 im letzten Drittel noch einmal richtig eng«, weiß Langemann. »Aber wir blieben drin, das war sehr wichtig.« Damit wurde der Grundstein für acht Meisterschaften gelegt. Im März 1986 stand Köln im Finale um die deutsche Meisterschaft gegen den Erzrivalen Düsseldorf. In den ersten beiden Spielen hatten die Haie mit 3:5 und 1:5 zurückgelegen, aber jeweils noch mit 6:5 gewonnen. Am 11. März holten sie dann mit einem 6:1 vor eigenem Publikum den Titel.

Im März 1995 lagen die Haie in der Finalserie gegen Landshut mit 1:2 Spielen zurück. Die Bayern konnten an der Lentstraße Meister werden. Doch die Haie gewannen mit 8:2 und brachen damit den Widerstand des Gegners. Das letzte Spiel wurde auswärts gewonnen, und 5.000 Fans bereiteten ihren Stars bei der Rückkehr einen triumphalen Empfang. Im Dezember desselben Jahres unterlagen die Haie im Finale des Europapokals dem haushohen Favoriten Jokerit Helsinki erst im Penaltyschießen.

GRUND 17

Weil sie das coolste Maskottchen der Welt haben, cooler als Asterix und Obelix

Sharky ist der heimliche Star in der Kölner Arena. Wenn er bei jedem Heimspiel im letzten Drittel aufs Eis kommt, tobt die Halle. Dann führt Sharky Breakdance und akrobatische Sprünge auf, im dicken Kostüm, mit Haifischkopf. Auf dem Eis. Obwohl, ist das wirklich ein Kostüm? Auf die Frage, wer da eigentlich drinsteckt, antworteten die Haie: »Was für ein Kostüm? Das ist Sharky!«

Seit 1998 ist Sharky schon aktiv, doch erst vor wenigen Jahren wurde er plötzlich legendär, weil er zu tanzen begann. In den Jahren zuvor war er mehr oder weniger lustlos übers Eis gefahren, schob mal einen Puck vor sich her oder winkte in die Menge. Seit er tanzt, ist Sharky ein Star. Im Oktober 2014 wurde sein Dance im Spiel gegen München auf Facebook von 420.000 Menschen angesehen[1], bis Nordamerika wurde Sharky berühmt. Der Hai ist auf diversen Events dabei, muss Autogrammwünsche erfüllen und in TV-Shows auftreten.

Sharky hat manch andere Eishockey-Maskottchen ausgestochen, selbst Asterix und Obelix, die offiziellen Maskottchen der Eishockey-WM 2017! Die beiden Gallier schienen auf den ersten Blick zu passen. Wenigstens Obelix würde mit Sicherheit einen guten Eishockeyspieler abgeben, weil er vorm Tor alle abräumt. Seine Angewohnheit, die Gegner mit Faustschlägen mehrere Stockwerke hoch in die Luft zu befördern, könnte man allerdings als übertriebene Härte auslegen.

Dazu kommt, dass Obelix ein Doping-Sünder ist. Wegen des Zaubertranks durfte er schon nicht an den Olympischen Spielen teilnehmen, das wurde in *Asterix bei den Olympischen Spielen* eindeutig dokumentiert. Die anderen Sportler trainierten hart und konnten trotzdem nicht mithalten, weil sie als Kinder nicht in den Kessel mit Zaubertrank gefallen waren.

Im Hintergrund half dabei Miraculix, der Drogenkoch. Er stellte die Substanzen zur Verfügung und verschaffte seinem Klienten dadurch einen Vorteil. Der Zaubertrank mag pflanzlich sein, aber niemand kennt seine Zusammensetzung genau. Es gibt noch andere Gallier, deren Vorbildfunktion fragwürdig ist. Zum Beispiel der Fischhändler, dessen Ware ganz offensichtlich das Verfallsdatum deutlich überschritten hat. Die Verbraucherschützer müssten Sturm laufen. Oder der Häuptling Majestix. Er lässt sich von zwei Mitarbeitern auf einem Schild tragen. Ist das mit Artikel 1 des Grundgesetzes vereinbar? Sind die Träger überhaupt unfallversichert? Sind mögliche orthopädische Schäden durch das Tragen abgesichert? Wer haftet?

Sorry, aber Asterix und Obelix waren nicht als Maskottchen geeignet. Zumindest Obelix nicht. Mit Sharky konnten sie in ihrer Vorbildfunktion nicht mithalten. Alternativ wäre Lucky Luke als Maskottchen infrage gekommen. Er schießt schneller als sein Schatten, ist Rechtsschütze und hält sich immer an die Regeln. So sieht ein Eishockeyvorbild aus.

Gegen Sharky sind sie alle nur Waisenknaben. Sharky ist der Held von Köln, angeblich kommen ganze Familien nur zu den Haien, um Sharky tanzen zu sehen. Die stört wahrscheinlich sogar das Eishockeyspiel.

GRUND 18

Weil sie den Gästen die Bank an ihrem Eingang überlassen

Klingt komisch, ist aber tatsächlich so. Wenn die Haie-Spieler durch das große Haifischmaul das Eis betreten, kommen sie direkt aus ihrer Kabine durch die sogenannte »Mixed Zone«, in der sie hinterher für Interviews zur Verfügung stehen. Dort befindet sich auch der Presseraum, so können die Spieler nach den Interviews direkt wieder in ihre Kabine verschwinden, und die Journalisten brauchen nur noch eine Treppe zu ihrem Raum hochzusteigen, um an die Arbeit zu gehen. Kurze Wege, wenn man einmal außer Acht lässt, dass die Pressetribüne sehr weit von der Mixed Zoe entfernt ist, sodass Journalisten oft schon mehrere Minuten vor Spielende ihre Arbeitsplätze verlassen müssen, um es rechtzeitig in die Mixed Zone zu schaffen und Interviewwünsche anzumelden.

Darum wundert man sich, dass die Haie-Spieler nicht auf jener Bank Platz nehmen, die sich direkt neben dem Haifischmaul befindet. Stattdessen kreuzen sie den Weg mit den Spielern der Gästeteams und nehmen auf der anderen Bank Platz, dort wo die Gegner aus ihrer Kabine kommen. Für die Haie-Trainer bedeutet dies, dass sie entweder mit ihren Straßenschuhen über das glatte Eis rutschen müssen, um die Bank zu erreichen, wenn sie mit ihren Spielern durch das Haifischmaul kommen. So hat Hans Zach das immer gemacht. Oder sie laufen mit den Spielern der anderen Mannschaft durch die Katakomben der Kölner Arena.

Warum das so ist? Nun, anscheinend wurde das irgendwann mal so geplant und dann nie wieder geändert, weil es eben immer schon so war. Vielleicht haben die Haie ja deswegen noch nie eine Meisterschaft in der heimischen Arena gewonnen, weil sie den Gästen immer die Bank überlassen, die eigentlich ihnen zusteht?

GRUND 19

Weil es für jedes Heimspieltor Bier gibt

Eine Kölner Brauerei spendiert für jedes von den Haien zu Hause erzielte Tor zehn Freibier. Wenn das kein Grund ist, die Haie zu lieben! Es muss allerdings Kölsch sein, etwas anderes trinkt man in der Domstadt ohnehin nicht. Aus schmalen Gläsern, ohne besonders viel Schaum. Brauereien sind bekanntlich überall im Sport große Sponsoren, zumal sie den jeweiligen lokalen Touch bestens verkörpern. Fast jede deutsche Gegend hat ein ganz bestimmtes und markantes Bier. Das Bier passt auch perfekt zur rheinischen Rivalität, denn in Köln trinkt man Kölsch und in Düsseldorf Alt. Das ist fast schon religiöser Natur, vergleichbar mit der Frage, ob man evangelisch oder katholisch sei. Wer in einer Kölner Kneipe ein Alt-Bier bestellt, wird mindestens einen bissigen Kommentar erhalten, das gewünschte Bier allerdings nicht. »Lassen Sie Ihr Kölsch stehen, dann wird es alt«, lautet einer der harmloseren Sprüche.

Eine Studie ergab, dass beide Biersorten angeblich gleich schmecken und in »einem seriös durchgeführten Blindtest« nicht zu unterscheiden seien. Die Art zu brauen ist bei beiden Sorten gleich. Doch wer sich unter Biertrinkern erkundigt, wird schnell herausfinden, dass auch die vielen Kölsch-Sorten alle unterschiedlich schmecken. Na dann Prost!

KAPITEL 2

DER KEC

GRUND 20

Weil es mit ihnen nie langweilig ist

Auch wenn die letzte Meisterschaft schon eine Weile her ist (2002), über mangelnde Spannung können sich Haie-Fans nicht beklagen. Es soll ja Klubs geben, die in jeder Saison immer im Mittelfeld der Tabelle landen und jedes Jahr die ersten beiden Play-off-Runden erreichen. Mal Viertelfinale, mal Halbfinale. Wie eintönig. Bei den Haien ist es völlig anders, da weiß man vor einer Saison nie, was am Ende herauskommt, obwohl sie jedes Mal mit einem top besetzten Kader antreten. Ihre bisher letzte Meisterschaft holten sie, als sie jeweils nach einer verkorksten Saison als krasser Außenseiter in die Play-offs gingen.

2002 liefen sie zu dem Song *Highway to Hell* in die Arena ein, das Lied sollte selbstironisch zur Situation passen. Stattdessen befanden sie sich plötzlich auf einer »Stairway to Heaven«. So sind sie, die Haie. In anderen Jahren waren sie Top-Favorit und kamen nicht einmal in die Play-offs. Seit 2008 geht es besonders stark rauf und runter für die mal jubelnden, mal verzweifelnden Kölner Fans. 2008 wurden die Haie Vizemeister, im Jahr darauf wurden zum ersten Mal überhaupt die Play-offs verpasst. Es folgten Jahre der drohenden Insolvenz und des Umbaus, dann wurden sie 2013 und 2014 jeweils Vizemeister, um dann wieder ein Jahr später erneut die Play-offs zu verpassen. Mit den Haien ist es wie in einer Seifenoper, für die Helden geht es ständig rauf und runter.

Einziger Unterschied: Nur im TV gewinnen immer die Guten, der Sport ist wie das Leben, nicht wie ein Film. Mit den Haien kann man feiern, aber man kann auch mit ihnen leiden, das schweißt zusammen, dafür liebt man sie in Köln. Und auch das passt zur Domstadt, denn mit dem bereits erwähnten »FC« ist es genauso, der bei den Fans ebenso heiß geliebte Fußballklub wurde seit 1978 nicht mehr Meister und stieg danach sogar mehrfach ab, doch der Beliebtheit tat das genau wie bei den Haien keinen Abbruch. In Köln ist das Zusammengehörigkeitsgefühl sehr wichtig, man feiert oder leidet, aber man tut das zusammen.

Darauf kommt es in Köln an, dafür lieben die Kölner ihre Klubs! Die permanente Achterbahn hängt vielleicht auch mit der Kölner Mentalität und der Erwartung an die Haie zusammen. In Köln stehen die Macher vor jeder Saison unter dem Druck, die bestmöglichen Spieler zu holen und Meister zu werden. »In Köln hat man immer Druck«, erklärte Kapitän Moritz Müller, als er in einer prekären sportlichen Situation auf das Thema angesprochen wurde. Man erwartet das Maximum von den Haien, weil sie in der glorreichen Vergangenheit mit Gerd Truntschka, Dieter Hegen und Co. die Liga jahrelang dominierten und nun schon seit mehr als 15 Jahren in der größten Multifunktionsarena Deutschlands spielt.

Je höher der Druck, desto geringer die Geduld. So werden in Köln recht schnell mal die Trainer ausgetauscht, wenn es mal nicht so läuft. Oder man wechselt von Jahr zu Jahr jeweils ein Dutzend Spieler aus. Weil der kurzfristige Erfolg her muss. Es zählt nur das Tagesgeschäft, obwohl Stabilität viel wichtiger ist. »Langfristig haben immer die Teams Erfolg, bei denen die Trainer mit der Geschäftsführung harmonieren und über mehrere Jahre hinweg miteinander arbeiten«, weiß der aktuelle Haie-Coach Cory Clouston. Aber er weiß auch, dass er im Falle einer Niederlagenserie seinen Hut nehmen muss. So ist das Geschäft, in Köln ganz besonders. Und deswegen wird es dort nie langweilig. Kein Trainer ist sicher, nicht einmal eine Vereins-Ikone wie Uwe Krupp war davor gefeit. Nach zwei Finalteilnahmen in Folge musste das Kölner Urgestein wegen eines schlechten Saisonstarts gehen. Mal eine schlechte Saison zusammen durchstehen wie an kleinen Standorten, um im nächsten Jahr gemeinsam neu durchzustarten – das funktioniert in Köln nicht. Die Kölner Haie sind ein wenig wie *Game of Thrones* – niemand ist sicher und man weiß nie, was als nächstes passieren wird! KEC – erwarte das Unerwartete.

GRUND 21

Weil die Haie Leute wie Rodion Pauels haben

Rodion Pauels kennt das deutsche Eishockey aus allen Perspektiven. Seit 20 Jahren macht er sich bei den Kölner Haien als Nachwuchstrainer, Sportkoordinator Gedanken um das deutsche Eishockey, zwischendurch war er auch einmal Manager des DEL-Teams. Spieler wie Leon Draisaitl, Thomas Greiss, Kai Hospelt oder Christoph Ullmann gingen durch Pauels' Schule. »Es gab viele Highlights, aber das erfolgreichste Jahr der Vereinsgeschichte hatten wir 2016, denn die Haie wurden Deutscher Meister mit der U16 und Vizemeister mit der U19.«

Was ist das Erfolgskonzept für diese Nachwuchsarbeit? »Wir haben ein sehr gutes Trainerteam und einen Vorstand, der vieles möglich gemacht hat, das ist ja auch immer eine Frage der Finanzen. Wir haben in Köln das ganze Jahr über Eis, können mehrfach die Woche trainieren. Dazu haben wir ein durchgängiges Konzept von der U8 bis zur U19, wo wir mit einer einheitlichen Philosophie arbeiten. Wir versuchen, im Training einen hohen technischen Anteil einzufordern, und trainieren speziell dafür. Der erste Schritt ist, mehr Kinder zum Eishockey zu bringen, der Trend ist aber gegenläufig, es gehen weniger Kinder zum Eishockey, vor allem weniger talentierte Kinder. Die gehen zu anderen Sportarten. Da gibt es viel zu tun.«

In anderen Klubs bürgert man einfach fertige kanadische Stürmer ein, statt junge Leute auszubilden. Das ist nicht der Stil von Rodion Pauels. »Das ist nicht illegal, aber es ist schon ein Schlag ins Gesicht der ausbildenden Vereine. Ich will hier mal eine Lanze für die ausbildenden Vereine in Deutschland brechen, wir bilden wirklich gut aus. Die Vereine haben viele Probleme, diese Probleme muss man lösen. In den seltensten Fällen haben GmbH und Verein eine einheitliche Linie, sie haben einen Kooperationsvertrag, und das war es dann. Wir stolpern in Deutschland mit wenigen Ausnahmen nur durch die Gegend.

Das kann man nur mit Geld lösen, und es gibt genügend Geld in der DEL. Man müsste es nur anders und vernünftig einsetzen und in den Nachwuchs investieren. Wohl wissend, dass der Ertrag später kommt. Das ist für viele ein Problem, sie müssen kurzfristig Erfolg haben. Man kann Medien und Fans nicht verkaufen, dass man erst in zehn Jahren Erfolg haben wird, vorher nicht. Es ist aber beides möglich, man kann mit starken Profis Erfolg haben und gleichzeitig ein Konzept mit Nachwuchsspielern durchziehen, damit es einen Fluss an Spielern gibt, die aufgebaut und eingesetzt werden.«

GRUND 22

Weil Kölner Eishockey-Eltern leidensfähig sind

Eltern von Fußball spielenden Jungs haben es relativ leicht. Sie kaufen ein Paar Schuhe, Hosen, ein Trikot, und dann geht's los. Fußballplätze gibt es meistens um die Ecke, der Junior verschwindet mit der Sporttasche zum Training, kommt ein paar Stunden schmutzig wieder, und alles ist gut.

Ganz anders ergeht es den Eltern von Eishockeyspielern. Eine Ausrüstung ist aufwendig und teuer, jedes Jahr wächst der Bengel aus den Klamotten raus. Gute Schlittschuhe sind teuer, dazu kommen Beinschoner, Brustschutz, Schulterschutz, Unterleibsschutz. Und Helme. Und Schläger, die auch noch gelegentlich zu Bruch gehen. Dann gibt es selten eine Eishalle direkt um die Ecke, daher müssen die Jungs zum Training gefahren und auch wieder abgeholt werden. Zwischendurch nach Hause zu fahren lohnt sich nicht, also sitzen die lieben Eltern während des Trainings in der kalten Halle und warten.

Ob sich das lohnt? Etwa ein Prozent aller Nachwuchsspieler schafft es, Profi zu werden. Da ist viel Enthusiasmus gefragt, vor allem von den Eltern. Die besten Talente, die es wirklich zum Profi bringen können, gehen dann oft schon im Teenageralter von zu Hause fort, um bei den großen Klubs ihr Glück zu versuchen. Viele Junghaie stammen aus Süddeutschland, ziehen schon mit 15 Jahren von daheim fort. Das verlangt den Eltern viel ab, aber auch den Haien, schließlich müssen die sich um die Jungs kümmern.

»Unsere Eltern sind sehr leidensfähig«, sagt Marvin Rathmann, Nachwuchsspieler der Kölner Haie mit guten Aussichten auf eine Profikarriere. Sein Bruder spielt ebenfalls Eishockey. Unter den deutschen Profispielern befinden sich relativ viele, deren Eltern Trainer sind oder selbst Profis waren. Weil die Zeit hatten, sich um die Ausbildung der Jungs zu kümmern, und genau wissen, worauf es ankommt. Kai Hospelt, Björn Krupp, Leon Draisaitl, Stefan Ustorf, Tom Kühnhackl, Nick Latta, Sebastian Uvira, Tomáš Martinec, David Wolf, Max Kammerer, und so weiter. Ohne Eltern geht besonders im Eishockey gar nichts.

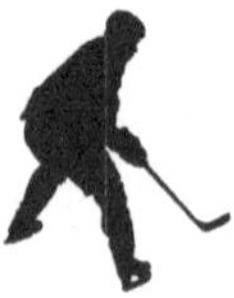

GRUND 23

Weil sie nichts umhaut

Eishockeyspieler sind verdammt harte Kerle, weil sie von klein auf gewohnt sind, mit physischen Elementen des Sports zu leben. Auf dem Eis fällt man hin, man wird vom harten Puck getroffen oder vom Gegner umgehauen. Das alles tut weh. Wenn sie dann Profis sind, kommen sie mit Schmerzen deswegen besser zurecht als beispielsweise ein Fußballprofi, der im Vorbeilaufen die Hand eines Gegners an die Brust bekommt, zu Boden geht, sich dann laut schreiend auf dem Rasen wälzt und sich dabei das Gesicht hält.

Im Eishockey gibt es das nicht. Wenn ein Eishockeyspieler zu Boden geht und nicht sofort wieder aufsteht, dann ist Schlimmes passiert. Im Normalfall steht ein getroffener Spieler sofort auf und macht weiter. If you can walk, you can play. Falls er einen Cut von einem Schläger oder einem Puck abbekommen hat, geht er in die Kabine, wird ohne Betäubung genäht und kommt unverzüglich zurück aufs Eis. Doch manchmal sind die Verletzungen so schwer, dass auch Eishockeyspieler passen müssen. So zum Beispiel der langjährige Haie-Verteidiger Torsten Ankert, der sich bei der Nationalmannschaft in einen Schuss warf und nach dem Spiel große Schmerzen hatte.

Ankert fuhr mit den anderen Spielern heim nach Köln, die Schmerzen ließen nicht nach. Er ging zum Arzt, es wurde ein Milzriss festgestellt. Es bestand Lebensgefahr. Einige Wochen später stand Ankert wieder auf dem Eis. »Für meine Freunde und meine Familie war es schlimmer als für mich, ich bin wieder gesund und spiele genauso weiter wie vorher«, sagte er und fühlte sich nicht gehemmt, wenn er sich erneut in Schüsse warf. »Ich habe auch schon einmal einen Puck ins Gesicht bekommen, der mir die Nase zertrümmert hat. Seitdem habe ich ja auch keine Angst vor Schüssen«, stellte er nüchtern fest.

Moritz Müller wurde bei einem Spiel in Straubing von einem Puck-Einschlag der Kiefer gebrochen. Er musste zweimal operiert werden, konnte sich nur flüssig ernähren. Die DEG schickte dem Kölner Kapitän Babybrei. Nach nur 49 Tagen kehrte Müller mit einem Vollvisier-Helm aufs Eis zurück.

Noch schlimmer erwischte es den langjährigen Haie-Stürmer Marcel Ohmann. Der wurde 2013 in Nürnberg von einem Puck getroffen, dort notversorgt und dann nach Köln zum Zahnarzt gefahren. Ohmann wurde gleich nach Ankunft mitten in der Nacht operiert, hatte mehrere Zähne verloren, sein Gebiss war nach hinten gedrückt worden. 2015 wurde er bei einem Länderspiel am Knie verletzt und fiel sechs Monate aus. Schon als Nachwuchsspieler wurde Ohmann hart geprüft, 2008 schwebte er nach einem Milzriss in Lebensgefahr. Sein Kommentar nach jeder Verletzung: »Ich will stärker als vorher zurückkommen.«

Ohmann und Ankert spielen nun in Wolfsburg, werden im Herzen aber immer kölsche Jungs bleiben, weil sie für den KEC ihre Knochen hingehalten haben.

GRUND 24

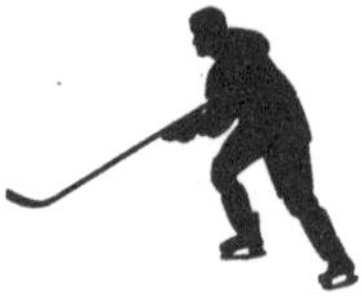

Weil die Haie ein 5-Sterne-Klub sind

Die Kölner Haie zählen zum seit Kurzem gekürten Kreis der »5-Stene-Klubs«, die Auszeichnung verdanken sie nicht zuletzt ihrer ausgezeichneten Nachwuchsarbeit. Doch die Zeiten waren nicht immer rosig für den KEC; als die Profi-GmbH 2009 fast pleiteging, wurde auch im Nachwuchs kräftig eingespart, dann stieg die DNL-Mannschaft in die zweite Liga ab. Wie Phoenix aus der Asche kamen die Junghaie zurück, spielten in der letzten Saison schon wieder oben mit und stellen nun sogar drei Spieler mit Förderlizenzen für den Profikader. Wie gelang diese Herkulesaufgabe? »Vor allem mit harter Arbeit«, sagt Rodion Pauels, der die DNL-Mannschaft trainiert und den Haie-Nachwuchs insgesamt koordiniert, 2008 war Pauels auch Manager des DEL-Teams.

»Wir haben unser sportliches Konzept geändert, und unser Vorstand hat es geschafft, neue Gelder zu gewinnen, damit wir weitermachen konnten.« Das sportliche Konzept basiert im Schwerpunkt auf der technischen Ausbildung der Spieler, vom Neunjährigen bis zum Fast-Profi. Nach dem Abstieg der DNL-Mannschaft war es nicht leicht, gute junge Spieler nach Köln zu locken, die Besten der Jahrgänge gingen lieber nach Mannheim oder zu anderen Top-Klubs des Nachwuchses. Die Haie schafften trotzdem den Weg zurück, indem sie Jungs holten, die nicht auf der Einkaufsliste der Konkurrenz standen.

»Wir haben uns Spieler angesehen, die keine tollen Ratings hatten«, erklärt Pauels. »Aber sie hatten Potenzial, und mit unserem Training und dem ganzjährigen Eis sind sie zu starken DNL-Spielern geworden.« So wie die beiden Stürmer Eric Valentin und Lucas Dumont, beide Jahrgang 1997 und beide aus Baden-Württemberg kommend, aus Schwenningen und Bietigheim. Zusammen mit dem Rheinländer Mick Köhler schnuppern sie nun DEL-Luft. Sie bekommen ihre Chance, weil der neue KEC-Sportdirektor Mark Mahon eng mit Rodion Pauels zusammenarbeitet.

»Wir haben nun Perspektivspieler aus dem eigenen Nachwuchs und wollen sie Schritt für Schritt aufbauen«, sagt Mahon. »Im Sommer sollen sie mit uns und unserem Kooperationspartner spielen und trainieren, ich will keinen Druck auf die Jungs ausüben. Die DEL 2 ist der erste Schritt. Wir wollen durch die Jungs auch mehr Tiefe in unserem DEL-Kader haben, das hat uns zuletzt gefehlt. Wir wollen die Spieler beobachten und schauen, ob sie den Schritt zum Profi schaffen und wie lange es dauert.«

Pauels ist voll des Lobes für Mahon. »Seit er da ist, haben wir einen interessierten Ansprechpartner für unsere Arbeit. Natürlich haben wir auch mit Niklas Sundblad gearbeitet, er hat auch immer wieder DNL-Spieler mit den Profis trainieren lassen. Aber jetzt hat sich der Kontakt zur GmbH weiter verbessert.« Die Früchte der Nachwuchsarbeit werden oft erst spät geerntet, schmecken dann aber umso süßer.

So hat Rodion Pauels mit Genuss die WM verfolgt, in der seine früheren Schützlinge wie Thomas Greiss (der bei den New York Islanders in den kommenden drei Jahren zehn Millionen Dollar verdienen wird), Moritz Müller, Fredrik Tiffels oder Leon Draisaitl auftrumpften. »Es ist toll, sie zu sehen, wenn man sie als 16-Jährige trainiert hat«, freut sich Pauels. »Und es ist auch ein Zeichen an junge Spieler, dass man über Köln den Weg in die NHL schaffen kann. Man muss nicht mit 16 nach Kanada gehen. Das kann man natürlich machen, muss es aber nicht unbedingt. Schön ist auch, dass die Spieler dann gerne wieder nach Köln zurückkommen. Ich stehe immer wieder in Kontakt mit Thomas Greiss, Leon Draisaitl ist im Sommer oft bei uns.« Und Spieler wie Moritz Müller gehen gar nicht erst weg, Kai Hospelt kam kürzlich auch wieder zurück. Köln war immer ein gutes Pflaster für junge Eishockeyspieler.

Die Auszeichnung mit 5 Sternen ist eine wunderbare Bestätigung für die Haie. »Damit ist auch Geld verbunden, was uns natürlich hilft«, sagt Pauels. »Aber in erster Linie ist es ein klares Signal an die Öffentlichkeit und mögliche Sponsoren, das uns sehr hilft.«

GRUND 25

Weil die Haie Frühauf sind!

Toooooooor für die Kölner … HAIE! Wer zu den Heimspielen des KEC geht, kommt an Oliver Frühauf nicht vorbei. Der Radiomoderator ist die Stimme der Haie, er sagt die Spieler an, informiert während der Spiele über die Entscheidungen der Schiedsrichter und moderiert das Arena-TV in den Drittelpausen.

Schon Stunden vor einem Spiel ist Frühauf in der Arena und bespricht mit der Regie den Ablauf. Auf die Minute genau wird festgelegt, was Frühauf anzusagen hat, wo er dabeistehen muss, welche Kamera auf ihn gerichtet sein wird. Den Job macht er schon ziemlich lange. »Ich bin seit 1998 bei den Kölner Haien am Start«, erzählt er für dieses Buch. »Erst war ich nur Moderator des Fan-TVs, seit 2003 bin ich jetzt bereits parallel noch Stadionsprecher.«

Ob Regen oder Schnee, ob Wochentag oder Wochenende, ob gesund oder krank – Oliver Frühauf ist bei jedem Heimspiel am Mikrofon. Na ja, bei fast jedem Heimspiel. »Ja, tatsächlich musste ich mal ein Spiel aussetzen, da ich parallel bei meinem Hörfunksender eine große Jubiläumsshow präsentieren musste und vertraglich bereits gebunden war«, lacht Frühauf. »Das Spiel fand ausgerechnet gegen Düsseldorf statt. Die Partie haben wir Gott sei Dank gewonnen.«

In all den Jahren gab es auch kuriose Situationen. »Ich habe zum Beispiel mal vor einem Interview vor der Kamera mein Mikrofon vergessen«, erinnert sich Frühauf. »Ich hatte es nicht mit dabei, und es fiel mir erst einige Sekunden vor der Aufnahme auf. War mir ganz schön peinlich, aber auch irgendwie lustig. Besonders ist mir auch ein weiblicher Fan in Erinnerung geblieben. Sie wurde während des Spiels des Öfteren von der Kamera abgefilmt und fühlte sich offensichtlich genötigt, eine verrückte Striptease- Show anzubieten. Jeder kann sich vorstellen, dass die Show ziemlich gut angekommen ist.«

Als Hallensprecher der Haie muss Oliver Frühauf natürlich Optimismus versprühen. Das ist nicht immer einfach, wenn das Team zum Beispiel nach dem ersten Drittel 0:5 zurückliegt und Frühauf sagt »Das schaffen wir noch«. Aber was soll er machen? Soll er sagen »Das wird heute nichts, geht nach Hause«? Frühauf ist gegenüber den Schiedsrichtern zur Neutralität verpflichtet, aber natürlich ist er Ansager der Haie, das muss er schließlich nicht verbergen.

»In der Tat ist es mir nie gelungen, mein Fan-Dasein komplett zu unterdrücken«, bestätigt Frühauf. »Ich bin zwar zur Neutralität verpflichtet und versuche es auch immer so gut wie möglich umzusetzen, aber in manchen Situationen muss ich schon sehr hart daran arbeiten.« Er ist mit Leidenschaft dabei, sonst wäre es auch langweilig. »Wenn wir in einem Play-off-Spiel zurückliegen, ist es wirklich schwierig, neutral zu bleiben«, gibt er zu. »Mir fällt es aber nicht schwer, ständig optimistisch zu sein. Ich glaube in der Tat daran, dass eine Mannschaft immer und in jeder Situation von den Fans angefeuert werden sollte, da alles andere wenig Erfolg versprechend ist. Darüber hinaus bin ich auch von Natur aus eher der optimistische Typ.«

Und Optimismus kann man schließlich nie genug haben, oder?

Wie angenehm Oliver Frühauf ist, merkt man erst, wenn man Spiele anderer Klubs besucht. Da fühlen sich die Hallensprecher oft genötigt, den Animateur zu geben. Manche rufen sogar ins laufende Spiel hinein, ein absolutes Unding. Hallensprecher und Zeitnehmer sind Assistenten der Schiedsrichter und haben diese nicht über Lautsprecher zu kritisieren.

Früher war es noch viel schlimmer als heute, bei den Wedemark Scorpions gab es früher einen Ansager, der eine vom Schiedsrichter gegen das Heimteam verhängte Zeitstrafe mit den Worten kommentierte: »Das soll Halten gewesen sein.« Als seine Mannschaft die zwei Minuten schadlos überstanden hatte, schickte der gute Mann noch hinterher: »Sie sehen, die können selbst mit einem Mann mehr kein Tor gegen uns schießen!« Das alles mitten ins laufende Spiel hinein. So etwas würde ein Oliver Frühauf nie tun. Die eigene Mannschaft feiern, okay. Aber immer Fairness gegenüber dem Gegner, das gebietet der sportliche Anstand.

Wichtig für die Spielvorbereitung der Sprecher ist auch das Studium der Namen des Gegners. Das ist heutzutage bei den multinationalen Teams gar nicht so einfach. Wenn der Gegner mit Spielern wie Matt Dzieduszycki antritt, sollte man sich vorher genau erkundigen, sonst sieht man schnell wie ein Laie aus, falls genau dieser Spieler ein Tor schießt oder auf die Strafbank muss. Leider sind viele von Frühaufs Kollegen in dieser Beziehung recht faul.

Das beste Beispiel war der frühere DEL-Spieler Robert Guillet. Den sprach man »Gijeh« aus, wie jeder bestätigen wird, der in der Schule ein wenig Französisch gelernt hat. Je nach DEL-Standort machten die Hallensprecher aus ihm entweder »Gelee« oder »Gillette«. Die Herren waren so selbstverliebt, dass sie nie auf die Idee gekommen wären, sich mal beim Gegner zu erkundigen, wie man dessen Spieler richtig ausspricht.

Einem Oliver Frühauf aus der Weltstadt Köln würde das nicht passieren.

GRUND 26

Weil sie digital Europas Nummer eins sind

Social Media spielen in unserer digitalisierten Welt eine immer größere Rolle, das haben die Kölner Haie früh erkannt. Bereits seit 2009 haben sie eine Facebook-Präsenz aufgebaut und sind mittlerweile längst auch auf Twitter, Instagram und YouTube unterwegs. Mit einer gesamten Reichweite von 230.000 Usern (verteilt auf alle Netzwerke) sind die Haie mit Abstand führend in der DEL, inzwischen auch europaweit.

Die einzelnen Kanäle wachsen ständig, vor allem auf Twitter kommen wöchentlich viele neue Follower hinzu. Auch die offizielle Website »Haie.de« wächst jedes Jahr rasant weiter.

Jede Plattform bietet andere Neuigkeiten über die Haie. Auf Facebook gibt es die Informationen am schnellsten, während Twitter naturgemäß kurz und sachlich über Neuigkeiten rund um die Kölnarena 2 informiert. Auf YouTube gibt es Trailer zu sehen, Instagram erlaubt auch schon einmal einen Blick hinter die Kulissen.

So bleiben die Kölner Haie auch bei der jungen Generation in aller Munde, die Kids halten sich bekanntlich sehr oft in den sozialen Netzwerken auf, die klassischen Medien wie Zeitungen und Fernsehen spielen bei ihnen nicht mehr eine ganz so große Rolle. Vielleicht gibt es deswegen noch immer kein W-LAN auf der Pressetribüne, die Journalisten müssen noch das gute, alte DSL-Kabel im Gepäck haben, wenn sie bei den Kölner Haien berichten wollen. Das liegt natürlich nicht an den Haien, sondern an den Betreibern der Arena. Die kommen mit dem Tempo ihres Mieters nicht so richtig mit, was die Digitalisierung betrifft.

Um sich den rasanten Fortschritt in der Technik zu vergegenwärtigen, sollte man sich einmal klarmachen, wie noch vor wenigen Jahren bei den Medien gearbeitet wurde. Da schrieb man während eines Spiels alles mit der Hand auf und rief dann hinterher in der Redaktion an, um den Text zu diktieren. In jeder Redaktion saß dann ein armer Mensch, der nichts anderes zu tun hatte, als die Texte aller Reporter zu tippen, damit diese gedruckt werden konnten.

Bevor es Handys gab, mussten sich die Journalisten irgendwo ein Telefon besorgen, in manchen Hallen gab es wenigstens Anschlüsse, so nahm der eine oder andere Reporter sein grünes Wählscheiben-Telefon von zu Hause mit, stöpselte es in der Halle ein und diktierte nach einem Spiel seinen Text, oft bei großem Lärm im Hintergrund. »Torschütze zum 2:1 war Vadim Shashkraitschuk. Ich buchstabiere …«.

Noch schwerer hatten es die Fotografen. Sie schossen während des Spiels ihre Bilder, fuhren dann nach Hause in die Dunkelkammer, entwickelten die Bilder und fuhren dann von Zeitung zu Zeitung, um die Fotos zu verkaufen. Das ist alles noch gar nicht so lange her. Heute wird jede Szene hochauflösend festgehalten und steht Sekunden später weltweit zur Verfügung.

GRUND 27

Weil Frank Gotthardt die Haie auch weiterhin finanzieren wird

Am Ostermontag 2017 hatten die Kölner Haie noch erklärt, es gäbe bei ihnen nichts zu vermelden, nur einen Tag später platzten dann zwei Bomben. Erst trennte man sich von Urgestein Torsten Ankert, das war zu erwarten, weil Ankert zuletzt oft auf der Tribüne saß und für diese Rolle viel zu gut ist. Doch wenig später entließen die Haie überraschend Geschäftsführer Peter Schönberger. Haie-Boss Frank Gotthardt erklärte den Schritt persönlich gegenüber der Presse.

Das war bemerkenswert, denn Gotthardt, der die Haie seit 2010 finanziert, hatte sich vorher nie öffentlich geäußert. »Ich möchte mich nicht in das Geschäft der Öffentlichkeitsarbeit einmischen«, sagte Gotthardt. »Aber hin und wieder muss es mal sein, diesmal war es gut. Ich bin dafür zuständig, zu entscheiden, wie viel Geld investiert wird und wer an der Spitze steht, aber in das Geschäft der Leute, die hier bei den Haien ihre Arbeit machen, möchte ich mich nicht einmischen.« Zu Schönbergers Entlassung hatte sich Gotthardt viele Gedanken gemacht. Er bewertete Schönbergers Arbeit, und die Bewertung fiel nicht positiv aus. »Es ist mir schwergefallen, ihm das zu erklären, weil er mit viel Emotionen beim Eishockey dabei ist, für ihn ist damit sicher eine Welt zusammengebrochen«, sagte Gotthardt. »Aber es gibt Entscheidungen, die man treffen und fair umsetzen muss. Die Reaktion von Schönberger war ebenso fair.«

Neuer Geschäftsführer wurde Oliver Müller, laut Gotthardt ein Marketing-Experte, der sich wohl im Gegensatz zu Schönberger aus dem sportlichen Geschäft heraushalten und keinen engen Kontakt zur Mannschaft pflegen wird. Schönberger ging selbst bei Play-off-Spielen in den Drittelpausen in die Kabine (»aber nur zum Trainer«), das wird man bei Müller wohl nicht sehen.

»Oliver Müller passt besser zum KEC«, erklärte Gotthardt. »Ich möchte mehr Nachhaltigkeit in die Haie hineinbringen, da lag bisher nicht so der Fokus. Es geht nicht darum, ob ich weiter investiere, sondern darum, ob es effizient ist.« Ein klares Bekenntnis zu den Haien, Gotthardt stellte sein Engagement nicht infrage: »Wir wollen das gleiche Ziel besser erreichen. Geld verdienen ist immer besser, als dass man subventioniert. Ich habe nichts dagegen, die Haie zu subventionieren, aber ich habe etwas dagegen, wenn nicht daran gearbeitet wird, dass die Subventionen weniger werden.« In einem der sieben Jahre seines Engagements haben die Haie einmal eine Saison mit einer schwarzen Null abgeschlossen. In welcher, wollte Gotthardt nicht verraten. »Da habe ich eine Flasche aufgemacht«, sagte der Hauptgesellschafter.

Ein Sparkurs ist aber nicht zu befürchten, Gotthardt will nicht weniger ausgeben, sondern mehr einnehmen. Andererseits will er aber auch nicht unbedingt weiter hochrüsten. »Um so gut wie München zu werden, muss man nicht noch mehr investieren, sondern es muss die Mannschaft mit ihren individuell starken Teilen besser werden, und dazu muss man dem guten Trainer die Möglichkeit geben, etwas zu entwickeln«, sagte Gotthardt.

Die sportliche Leitung wurde nie infrage gestellt. »Ich traue Cory Clouston und Mark Mahon viel zu«, bestätigte Gotthardt.

Eines muss man festhalten: Ohne reiche Gönner wie Gotthardt geht Eishockey in Deutschland nicht auf diesem Niveau. Dietrich Mateschitz mit Red Bull in München (und Salzburg), die Hopps in Mannheim, Thomas Sabo in Nürnberg, die Anschutz-Gruppe in Berlin. Sie alle gleichen jedes Jahr ein enormes Defizit ihrer Eishockeyklubs aus, damit weitergespielt werden kann. Noch ein Beweis dafür, dass ein Eishockeyklub zwar eine GmbH ist, mit einem anderen Wirtschaftsunternehmen jedoch nur schwer verglichen werden kann.

Hier zählen nicht nur wirtschaftliche Aspekte, hier geht es um Emotionen. Dazu kommt, dass der Sport völlig unberechenbar ist, weil er komplett von Menschen abhängt. Viele große Investoren müssen das erst lernen. Und sie müssen lernen, dass sie sich aus dem sportlichen Geschehen heraushalten müssen, wenn sie Erfolg haben wollen. Die erfolgreichsten sind immer diejenigen, die bewährtes und kompetentes Personal anheuern und die Leute dann ihre Arbeit machen lassen.

Und das nicht nur ein Jahr lang. Wenn ein Investor sich einmischt (»Wer die Kapelle bezahlt, bestimmt auch die Musik«), wird es schwierig, dann bringt er Unruhe ins Team, das geht nach hinten los. Wer die Kapelle bezahlt, darf den Musikern nicht vorschreiben, wie sie ihre Instrumente zu spielen haben. Das ist Sache des Kapellmeisters.

GRUND 28

Weil Peter Schönberger Eishockeyfan ist

Als die Kölner Haie 2009 nur Millimeter von der Insolvenz entfernt waren und dringend nach neuen Investoren suchten, meldete sich Peter Schönberger. Der war Verwaltungschef in einer Koblenzer Software-Firma und glühender Eishockeyfan. Er steckte seine Chefs und Kollegen mit dem Eishockeyvirus an und ging mit ihnen in Verhandlungen mit dem damaligen Haie-Geschäftsführer Thomas Eichin. Schönberger und vor allem der finanzstarke Boss Frank Gotthardt wurden zu Rettern der Haie. Eine kleine Spitze gegen das Kölner Umfeld konnte sich Eichin damals nicht verkneifen und betonte, die Haie seien aus Koblenz gerettet worden, nicht aus der Domstadt. Er fühlte sich von der Stadt Köln, aber auch von deren Wirtschaft im Stich gelassen.

Schönberger trat gegenüber der Presse auf, während sich Gotthardt komplett heraushielt, jede Interviewanfrage ablehnte. Erst als er Ostern 2017 Schönberger entließ, ging er an die Öffentlichkeit. Aber der Reihe nach: Schönberger wurde Eichins Nachfolger als Geschäftsführer und kniete sich mächtig rein. Er hielt sich immer in der Nähe der Mannschaft auf, ging zu Stammtischen der Fans und hatte immer einen Kommentar für die Presse bereit, auch zum sportlichen Geschehen. Das war im Nachhinein vielleicht etwas zu viel.

Wie schwer der Job im Sport im Vergleich zu einer Softwarefirma ist, wird Schönberger wohl spätestens bei der sehr umstrittenen Entlassung von Uwe Krupp gemerkt haben. Da stand er vor den TV-Kameras neben einem erzürnten Hans Zach und musste die Gründe für die Entlassung erklären, ohne gleichzeitig zu viel preiszugeben. Er machte dabei keine gute Figur, es war eine undankbare Aufgabe. Dann setzte er komplett auf Niklas Sundblad als Trainer und Manager in Personalunion, das ging schief. Mit öffentlichen

Forderungen (»Wir müssen im Januar stabil unter den ersten Sechs stehen«) setzte er Trainer und Team sogar noch unter Druck, so was kommt intern nicht gut an.

In den Play-offs 2017 suspendierte er Stürmer Patrick Hager wegen »teamschädlichen Verhaltens«, doch das Team stellte sich gegen die Suspendierung und griff seinerseits Schönberger an, ohne ihn namentlich zu nennen, aber die Kritik der Sprachrohre wie Kai Hospelt, Philip Gogulla oder Moritz Müller konnte sich nur auf Schönberger beziehen.

So wurde Peter Schönberger Ostern 2017 als Geschäftsführer der Haie entlassen, sein Nachfolger gilt als ausgewiesener Marketingfachmann und soll sich aus dem sportlichen Bereich eher heraushalten. Das darf man auch als Kritik aus Schönbergers Nähe zur Mannschaft werten. Aber ohne Peter Schönberger gäbe es die Haie womöglich nicht mehr, er war mit Herzblut dabei und stand jedem zur Verfügung, der Fragen an ihn hatte. Er sollte dem KEC als Gesellschafter erhalten bleiben, und das wäre gut für die Haie gewesen. Man braucht unter Investoren auch Menschen, die mit dem Herzen dabei sind und den Sport nicht nur als Geschäft betrachten. Das hat auch Gotthardt gemerkt, wie er bestätigte. Sport ist Leidenschaft und völlig unberechenbar, mit einem üblichen Wirtschaftsunternehmen nur schwer vergleichbar. Doch Schönberger wurde dann Geschäftsführer beim Handball-Bundesligisten VfL Gummersbach, der im Werben um lokale Sponsoren in Konkurrenz zu den Haien steht. So musste Schönberger seine Anteile abgeben, um einen Interessenskonflikt zu vermeiden.

GRUND 29

Weil ihre Kernspieler treu sind

Nicht jeder ist ein Mirko Lüdemann und verbringt seine gesamte Profikarriere bei den Haien, und das auch noch über mehr als zwei Jahrzehnte. Im modernen Business ist es für die Spieler schwierig, Vereinstreue zu zeigen. Die meisten von ihnen müssen schon in der Jugend aus ihrem Heimatort weg und sich den hoffentlich besten Spielort für ihre weitere Karriere suchen. Wenn es dort nicht klappt, müssen sie weiterziehen.

Die Vereine spielen dabei auch eine Rolle, sie wechseln ständig Teile ihrer Kader von Saison zu Saison aus. Ein Spieler muss daher immer darauf eingestellt sein, vielleicht schon im nächsten Monat aussortiert zu werden und sich einen anderen Verein suchen zu müssen. Wie kann man sich unter solchen Umständen noch mit einem Klub, mit einer Stadt identifizieren? Der frühere Haie-Profi Thomas Schinko sagte einmal: »Man spielt für sich und die Mannschaft. Niemand spielt für einen Trainer, einen Verein oder eine Stadt.«

Das trifft sicher auf die meisten Spieler zu, aber es gibt Ausnahmen wie Lüdemann. Weitere Kernspieler waren Männer wie Udo Kießling oder Jörg Mayr, die den Haien lange treu blieben. Das Publikum liebt solche Spieler, es kann sich mit ihnen identifizieren. In den vergangenen Jahren hatten die Haie einen ähnlichen Kern mit Moritz Müller, Torsten Ankert, Marcel Ohmann, Philip Gogulla. Sie waren über Jahre hinweg das Rückgrat der Mannschaft, an ihnen orientierten sich alle deutschen Neuzugänge.

Zur kommenden Saison 2018/19 gibt es erstmals einen Einschnitt: Ankert und Ohmann wurden zuletzt kaum noch eingesetzt und wechselten zum Vizemeister Wolfsburg. Es blieben noch Müller und Gogulla, die seit mehr als zehn Jahren treu bleiben (bis auf ein Jahr, in dem Gogulla in Nordamerika spielte).

Solche Spieler sind wichtig, sie geben dem Team Gesichter und Namen. Doch das verbliebene Duo kommt allmählich in die reiferen Jahre. Höchste Zeit also für die Haie, einen neuen Kern an langjährigen deutschen Spielern heranwachsen zu lassen. Kandidaten dafür gibt es im eigenen Nachwuchs zuhauf.

GRUND 30

Weil sie die beste Geschäftsstelle der Welt haben

Es gibt einen noch treueren Kern beim KEC als Müller und Co: Die Männer und Frauen auf der Geschäftsstelle des KEC! Seit vielen Jahren sind sie für den Verein tätig, gingen mit ihm durch gute und schwere Zeiten, durch Meisterschaft und Beinahe-Insolvenz. Namen wie Alexandra Becker, Petra Götzke, Oliver Hülsenbusch, Andrej Teichrib oder Marloes de Vlieger sind seit vielen Jahren für den Verein tätig, um nur einige wenige zu nennen. Auch Marc »Magic« Müller muss hier erwähnt werden, der über viele Jahre als der »personifizierte Hai« galt.

Sie alle sind das Herzstück eines Vereins, ohne sie geht gar nichts. Ob in der Betreuung von Sponsoren, als Ansprechpartner für die Spieler in allen Lebensfragen, ob Ticketing, Marketing, Merchandising – ohne die Geschäftsstelle wäre Eishockey gar nicht möglich. Die Aufgaben der Verwaltung sind vielfältig, vor allem in Zeiten der Vermarktung großer Multifunktionshallen.

Alle Arbeit verrichten sie unter ungünstigen Bedingungen, denn die Arbeit findet an fast allen Wochentagen statt. Freitagabend ins Wochenende? Geht nicht, da finden die Spiele statt, da trifft man die Szene in den Arenen. Sommerpause? Kennt man nicht, die neue Saison muss vorbereitet werden, Lizenzunterlagen, Wohnungen für die Spieler, Behördengänge, Sponsorenpflege, es geht endlos so weiter.

Pressesprecher wie Philipp Walter oder nun Philippe Rasch haben einen besonders nervigen Job, sie müssen sieben Tage die Woche rund um die Uhr für die Medien erreichbar sein. Das kann in schwierigen Zeiten und bei Trainerentlassungen ziemlich anstrengend sein. Sonntags ausspannen? Wie denn, wenn bei vielen Zeitungen der Redaktionsschluss naht?

Gleichzeitig müssen die Pressesprecher ganz genau aufpassen, welche Informationen sie an die Presse weitergeben. Die Außenwirkung des Klubs muss möglichst gut sein, da kann jede ungeschickte Formulierung eine negative Schlagzeile zur Folge haben. Pressesprecher müssen über jeden Vorgang im Klub genau Bescheid wissen, über jeden möglichen Neuzugang informiert sein, damit sie nicht auf dem falschen Fuß erwischt werden können.

Dann müssen sie noch darauf achten, dass niemand sonst aus dem Klub mit unbedachten Aussagen Schaden anrichtet. Deshalb sind immer mehr Pressesprecher dazu übergegangen, sich jedes Interview mit einem Spieler, Trainer oder Manager vor dem Druck noch einmal vorlegen zu lassen. Das ist aus ihrer Sicht verständlich, für die Leser allerdings sehr schade, denn auf diese Weise wird alles glattgebügelt, es ist kein Platz für spontane, aus der Emotion geborene Aussagen mehr da. So verliert der Sport viel von seinem Reiz.

Warum tun die Jungs und Mädels auf der Geschäftsstelle sich das alles an? Weil sie die Haie lieben!

Sie bringen ihr Herzblut in den Verein ein. Das ist im Eishockey durchaus riskant, weil die Klubs immer nur von der Hand in den Mund leben. Wenn morgen der Investor aussteigt, ist übermorgen Schluss. Dieses Szenario ist leider gar nicht so unrealistisch, wie der plötzliche Ausstieg der Hamburg Freezers 2016 zeigte.

Andere Klubs schleppen sich mühsam in die Insolvenz, deren Mitarbeiter müssen besonders leiden. Ein schlimmes Beispiel hierfür boten die Berlin Capitals einst. Deren Hauptgesellschafter konnte die Gehälter monatelang nicht mehr bezahlen, die Mitarbeiter/

innen mussten ihre Konten überziehen und ihre Möbel verkaufen, um nicht aus ihren Wohnungen zu fliegen.

Dies blieb den Kölner Haien bisher erspart, obwohl in der großen Krise 2009 sicher auch eine Weile gezittert werden musste.

GRUND 31

Weil man bei ihnen immer um den Titel spielen kann

Seit 2002 waren die Kölner Haie nicht mehr Deutscher Meister. Das ist eine sehr lange Zeit. Und trotzdem kommen jedes Jahr wieder Top-Spieler nach Köln. Weil der Dom so schön ist? Weil der Rhein Ruhe ausstrahlt? Oder liegt es nur am Geld? Spielt alles eine Rolle, doch ein Sportler will gewinnen, er will Titel holen. Und da geht er im Zweifelsfall zu einem Klub, bei dem er die Chancen sieht. Obwohl die Haie so lange nichts gewonnen haben, zählen sie dennoch zum Kreis dieser Klubs.

Warum? Weil sie den Spielern in jeder Saison ein Team und ein Umfeld bieten, mit denen man um den Titel spielen kann. Das ist für den Sportler wichtig, Garantien für eine Meisterschaft kann niemand geben, aber die Voraussetzungen dafür sehr wohl. Die Zeiten von »automatischen« Meistern wie ZSKA Moskau sind vorbei. Deshalb muss das Umfeld stimmen, damit man oben mitspielen kann. Der Rest ist eine Frage von Tagesformen, Verletzungen und ein wenig Glück.

Besonders im Profisport hängt der Erfolg oft an extremen Kleinigkeiten, manchmal sind es nur Millimeter oder Hundertstelsekunden. Glück spielt da eine große Rolle, man nehme nur das Finale 2014. Die Haie standen im siebten und entscheidenden Spiel gegen Ingolstadt und verloren 0:2. Beim 0:1 hüpfte der Puck unglücklich vom Eis weg und hinter einen Kölner Verteidiger, der

Ingolstädter hatte dadurch freie Bahn. Beim 0:2 patzte der sonst so zuverlässige Schwede Andreas Falk mit einem bösen Fehlpass.

Dagegen kann kein Trainer der Welt etwas machen, dagegen hilft auch keine Taktik, hilft kein Spielsystem. Es ist einfach nur Glückssache und Tagesform. Hier spielen Menschen. Den Profis ist all dies bewusst. Sie wissen, dass sie den Titel nicht geschenkt bekommen, sondern ihn sich erarbeiten müssen. Aber die Bedingungen müssen stimmen.

Die Kölner Haie bieten diese professionelle Bedingungen und können damit immer wieder gute Spieler anlocken.

GRUND 32

Weil sie immer der KEC bleiben werden

Der Name des Klubs wird in Kapitel 3 noch intensiv zum Thema, aber wie auch immer die Zukunft im Hinblick auf den Namen der Haie sein wird – er bleibt immer der KEC. Selbst falls es in ungünstigsten Fall wirklich einmal nötig sein sollte, den Namen eines überlebenswichtigen Sponsors mit in den Vereinsnamen zu nehmen (Gott bewahre) – die Haie werden immer der KEC sein.

In Landshut benannte man einst den traditionsreichen EV Landshut in »Cannibals« um. Vor ein paar Jahren ging man dann zum Namen »EVL« zurück und fragte die Fans, ob sie denn glücklich seien, dass der Verein wieder EVL hieße. Die Antwort lautete: »Wir hatten nie aufgehört, der EVL zu sein. Wir waren immer der EVL und werden es auch immer sein.«

Genauso sieht es beim KEC aus. Die Menschen lieben am Sport die Tradition, zumindest in Deutschland ist dies so. Das kann man unterschiedlich bewerten, aber es ist eine Tatsache, die man akzeptieren muss. Amerikanische Verhältnisse sind hierzulande schwierig, zuletzt wurde in der NHL ein Team in der Wüstenstadt Las

Vegas installiert, während Traditionsorte wie das kanadische Quebec City seit Jahren keine Chance haben, in die beste Liga der Welt zurückzukehren.

Vermutlich ist so etwas gemeint, wenn die Haie-Fans »gegen das moderne Eishockey« demonstrieren. Das ist sicher kein Protest gegen Hybrid-Icing, sondern ein Statement, dass man den guten alten Klub behalten will, zu dem schon Papa und Opa pilgerten. Der die Titel gewonnen hat, die unter dem Hallendach hängen. Mit den Spielern, deren Nummern nie wieder vergeben werden.

GRUND 33

Weil sie den »Haie-Guide« haben

Jedes Jahr kommt er neu heraus: der *Haie-Guide*. Auf 135 Seiten erfährt man alles über die Kölner Haie, für die Fans ein unverzichtbares Nachschlagwerk. Ausführliche Interviews mit dem Trainer, Porträts aller Spieler, große Fotos aller Stars und eine Liste aller (!) Spieler, die jemals für den KEC angetreten sind. Von Abstreiter bis Ziolkowski. Alle DEL-Klubs werden vorgestellt, das Fanprojekt, die neuen Trikots, natürlich alle Sponsoren, Charity-Events, alle Fanartikel (man will ja Geld verdienen), und auch Sharky darf nicht fehlen.

Im Guide kommt auch der tolle Haie-Nachwuchs zu Wort, und es ist interessant, sich mal ältere Guides zu schnappen und zu sehen, was sich in den vergangenen Jahren verändert hat. Natürlich ist er nicht objektiv, schließlich ist der Guide ein Organ des Vereins und soll diesen möglichst positiv darstellen. Wer sich auch über Risiken und Nebenwirkungen informieren will, muss sich am Kiosk die Saisonhefte der Fachpresse kaufen.

Das ist wie beim Autokauf. Wenn man beim Händler einen Prospekt mitnimmt, findet man da drin nur schöne Dinge über ein Auto.

Dass es bei einem Vergleichstest mit anderen Modellen der Klasse schlecht abschnitt oder ab 100.000 Kilometern sehr reparaturanfällig ist, wird da nicht nachlesbar sein. Dazu gibt es zum Glück die Presse. Es wäre sehr schlimm, wenn es nur noch Prospekte und keine freien Medien mehr gäbe. Aber das ist ein anderes Thema.

Der *Haie-Guide* ist für den KEC-Liebhaber trotzdem unverzichtbar, schon wegen der großen Fotos und Interviews der Kölner Stars, in denen sie auch hin und wieder Einblicke in ihr Privatleben und ihre persönlichen Vorlieben geben. In den klassischen Medien ist für solche Informationen gar kein Platz.

GRUND 34

Weil sie immer ein tolles Abschlussfest auf die Beine stellen

Nach dem Ende jeder Saison steigt neben der Trainingshalle an der Gummersbacher Straße eine große Abschiedsparty mit allem, was dazugehört. Bekannte Kölner Bands treten auf, jeder Spieler wird noch einmal auf die Bühne gebeten und individuell verabschiedet. Die Fanklubs überreichen jedem Spieler symbolisch dessen Saisontrikot zum Abschied.

Die Organisation dieser Partys ist ebenso wie die jährliche Saisoneröffnungsfeier am Schokoladenmuseum nicht ganz ohne, schließlich weiß man im Eishockey nie, wann die Saison zu Ende sein wird. Wenn man nicht gerade die Play-offs verpasst oder im siebten Finale landet. Ansonsten kann jederzeit Schluss sein, und für diesen Fall muss man vorbereitet sein.

Welche Band hat Zeit, wie schnell können Bier und Bratwurst bereitgestellt werden? Trotz der Mühe werden die Haie wohl nie auf die Abschlussfeier verzichten, denn diese ist selbst nach schlechten Spielzeiten sehr gut besucht. Die Kölner sind keine Erfolgsfans, sie feiern ihren Verein und nicht nur die jeweilige Mannschaft. Trainer, Manager und Spieler kommen und gehen, der KEC bleibt.

Deswegen geht man nach einer Saison zum Haie-Zentrum, in guten und in schlechten Tagen.

Vor der nächsten Saison geht man dann natürlich zum traditionellen Haie-Sommerfest am Schokoladenmuseum. Dort präsentieren sich die jeweils neuen Haie vor jeder Saison ihren Anhängern, und die Stimmung ist jedes Mal prächtig. Der Frust des vergangenen Jahres ist weg, es gibt neue Hoffnung, es gibt Musik, es gibt Stände der Sponsoren vor der Kulisse des Rheinhafens.

Die Spieler mischen sich jedes Mal unters Volk, stehen für Autogramme und Selfies bereit. Auch das ist typisch kölsch: Man beginnt die Saison mit einem Fest und beendet sie auch so! Mit einem Kölsch in der Hand ist noch immer alles gut gegangen!

GRUND 35

Weil es bei ihnen jede Woche Public Viewing gibt

Seit die Telekom jedes Spiel der DEL live überträgt, kann man die Haie während der gesamten Saison verfolgen. Nun hat »Private Viewing« im eigenen Wohnzimmer seine Vorteile: saubere Toiletten ohne Schlange, kurze Wege zum Bierstand in der eigenen Küche ohne größere Wartezeiten. Aber man will doch mit Gleichgesinnten jubeln und trauern, oder nicht?

Da bietet sich die Sports Bar im Haie-Zentrum an, wo man miteinander die Spiele verfolgen kann. Im Hintergrund liegt die Eisfläche der Trainingshalle, was für ein Ambiente! Vor Spielbeginn ist Happy Hour, dann sind die Getränke noch etwas günstiger. So kann man mit den Kumpels vom Stehplatzblock auch die Auswärtsspiele der Haie verfolgen. Man sieht sich nun zweimal pro Woche statt nur einmal.

In der Sports Bar trifft sich auch die Profi-Mannschaft während des gemeinsamen Sommertrainings zum Essen. Während der Fast-Insolvenz 2009 gab es Überlegungen, die Sports Bar aus Geldmangel zu schließen, zum Glück blieb sie den Fans erhalten.

GRUND 36

Weil es den »Tag der Junghaie« gibt

Einmal im Jahr ist beim KEC »Tag der Junghaie«, dann präsentiert sich der Nachwuchs im Rahmen eines DEL-Spiels. Vor dem Auftritt der Großen gibt es dann ein Bambini-Spiel in der Arena vor großer Kulisse, damit sich die Fans ein Bild von den Kleinen machen können, von denen der eine oder andere ein Star von morgen sein könnte.

Im Umgang der Arena präsentiert der Nachwuchs an Info-Ständen seine erfolgreiche Arbeit, die Jungs gehen auch mit der Sammelbüchse herum. Eishockey kostet Geld, Kinder brauchen Ausrüstungen, aus denen sie herauswachsen, die verschleißen. Vor dem DEL-Spiel stehen die Kids dann Spalier für die Profis und nehmen auch das symbolische Eröffnungsbully vor.

In den Pausen der DEL-Spiele am Tag des Nachwuchses wird die Nachwuchsarbeit auch mit Interviews über den Videowürfel präsentiert, direkt nach dem Spiel gehen alle Nachwuchsspieler der Haie aufs Eis für ein gemeinsames Gruppenfoto mit den Profis. Das ist jedes Mal ein nettes Gedrängel.

Übrigens wurde Junghai Manuel Alberg 2017 als bester deutscher Nachwuchsstürmer des Jahrgangs 2001 von der Erich-Kühnhackl-Stiftung ausgezeichnet. Er war damit nach Nico Appendino und Dominik Bokk der dritte Junghai in Folge, der diese Trophäe gewann! Bleibt zu hoffen, dass diese drei Rohdiamanten die Chance bekommen werden, bei den Haien Profis zu werden.

GRUND 37

Weil sie einen Präsidenten wie Rainer Maedge haben

Jeder Haie-Star war einmal ein Kind und wurde im Eishockeynachwuchs ausgebildet. Es gibt nichts Wichtigeres als Nachwuchsarbeit, bei den Kölner Haien kümmern sich viele ehrenamtliche Kräfte mit viel Herzblut um die Kleinsten und die Stars von morgen. Alles geschieht unter der Leitung von Rainer Maedge. Der 72-Jährige ist Präsident des Haie-Stammvereins, die Profi-GmbH ist davon unabhängig. Der gesamte Nachwuchs ist beim »Haie e.V.« untergebracht, und der kämpft immer ums Überleben. »Bei uns hat sich über die Jahre sehr viel geändert«, sagt Maedge. »Wir hatten nach der Fast-Insolvenz der GmbH keinen Kooperationsvertrag mehr und standen auf eigenen Füßen.«

Das war keine einfache Situation für die Junghaie, zumal dann auch noch die Mannschaft der Deutschen Nachwuchs Liga (DNL) aus der ersten Liga abstieg. Inzwischen mischt sie wieder in der Spitze der ersten DNL mit, und die Junghaie feiern auch in anderen Altersklassen Erfolge. Maedge und sein Team haben die Krise überwunden.

»Wir versuchen, die seit Jahren erfolgreiche Arbeit weiterzuführen«, sagte Maedge. »Wohlwissend, dass wir auch einmal erhebliche Risiken eingehen mussten. Ohne Hilfe von außen schaffen wir das nicht. Wir sind mit den Mitgliedsbeiträgen und den Sponsoren-Einnahmen schon an der oberen Grenze. Wenn wir irgendwann einmal keine zusätzlichen Einnahmen erzielen können, müssen wir den Betrieb einstellen.« Mehr als 250 Kölner Kinder im Alter von 4 bis 18 Jahren müssten dann anderswo spielen, Eishallen sind in Deutschland rar.

Viel Geld ist nötig, um in Köln Nachwuchsarbeit auf hohem Niveau zu betreiben. »Wir müssen die Trainingsstunden in der

Kölnarena 2 von der Profi-GmbH mieten, in anderen Städten werden sie von der jeweiligen Stadtverwaltung zur Verfügung gestellt«, erklärte Maedge. »Eine Stunde kostet mehr als 200 Euro, wir brauchen für eine Saison mindestens tausend Stunden, besser wären zwölfhundert, das sind Erfahrungswerte aus den letzten Jahren von der Laufschule bis zur Deutschen Nachwuchs Liga. Der Preis ist absolut realistisch, die Stadt finanziert uns nur 200 Stunden.«

Maedge setzte auf neue Konzepte: »Wer professionelle Nachwuchsarbeit betreiben will, muss doppelt so viel Mühe aufwenden wie noch vor zehn Jahren«, skizzierte der Präsident. »Wir hoffen, im schulischen Bereich die Nase vorn zu haben und interessante Angebote zu liefern. Wir wollen ein langfristiges Konzept vorstellen, haben in Köln einen Verbund sportorientierter Schulen geschaffen, es gibt auch ein Sportinternat.«

Die Junghaie legen großen Wert auf die schulischen Leistungen ihrer Schützlinge. Nur rund ein Prozent der Nachwuchsspieler schafft es zum Profi, der Rest braucht eine gute Schul- und Berufsausbildung wie jeder andere Jugendliche auch.

Menschen wie Rainer Maedge ist es zu verdanken, dass viele kölsche Jungs es weit bringen konnten. In der DEL spielt mehr als ein Dutzend früherer Junghaie, Torhüter Thomas Greiss und Stürmer Leon Draisaitl sind aktuelle NHL-Stars und verdienen Millionen.

Die Junghaie sind die puren Kölner Haie, im Nachwuchs zählt noch der reine Sport, ohne Showeinlagen, Gerangel um Gehälter oder kommerzielle Abhängigkeiten. An seinem 70. Geburtstag feierte Rainer Maedge mit 130 Gästen auf einem Rheindampfer. Auf Geschenke verzichtete er, sammelte stattdessen Spenden für den Nachwuchs und bekam so fast 8.000 Euro zusammen.

KAPITEL 3

DIE TRADITION

GRUND 38

Weil sie achtmal Meister wurden

Unter dem Dach der Lanxess-Arena hängen acht große Banner, die an die Meisterschaften erinnern. 1977, 1979, 1984, 1986, 1987, 1988, 1995, 2002. Dazu gewannen die Haie 1999 den renommierten Spengler Cup, was nicht vielen deutschen Mannschaften gelungen ist. Die Haie feierten 1977 und 1979 unter Kapitän Detlef Langemann ihre ersten beiden Meisterschaften. Am 20. März 1977 reckte Langemann zum ersten Mal den Meisterpokal in die Höhe, für das Kölner Eishockey ein historischer Moment.

Was mag damals in Langemann vorgegangen sein? Er selbst war maßgeblich daran beteiligt, dass sich die Eishockey-Abteilung vom »KEK« losgelöst hatte, dies hätte doch auch in die Hose gehen können, wie hätte er dann da gestanden? Langemann und seine Freunde wären die Totengräber des Kölner Eishockeys gewesen. Mit der Meisterschaft 1977 war sicher auch das Gefühl verbunden, alles richtig gemacht zu haben, und zwar nur fünf Jahre nach der Abkopplung vom KEK. Was für eine Last muss damals von den Schultern gefallen sein.

1979 folgte der zweite Streich, schon sechs Spieltage vor Schluss (Play-offs gab es damals noch nicht) machten die Haie in Mannheim (das sollte ihnen später noch einmal gelingen) die Meisterschaft klar. Köln und Mannheim pflegen heute eine der größten Rivalitäten im deutschen Eishockey, sie spielten häufiger gegeneinander als gegen alle anderen aktuellen DEL-Klubs. Nicht einmal gegen die DEG spielten die Haie so oft, denn Düsseldorf hatte sich zwischenzeitlich mal in die zweite Liga verabschiedet, um sich finanziell zu sanieren.

1984 begann die Ära der bis heute legendärsten Haie-Generation. Udo Kießling kam in seine besten Jahre, Uwe Krupp begann als 18-Jähriger seine Weltkarriere, und im Sturm standen Klub-

Legenden wie Gerd Truntschka, Miro Sikora und Holger Meitinger. Über Jahre hinweg waren die Haie in Deutschland das Maß aller Dinge, manchmal gewannen sie Spiele nach Belieben.

In einer dramatischen und von vielen Schlägereien geprägten Finalserie gegen den EV Landshut holten sich die Haie 1984 ihren dritten Meistertitel und kamen gerade erst so richtig ins Rollen, denn sie sollten die Achtziger noch so richtig dominieren. Zwei Jahre später folgte der nächste Titelgewinn, mit Helmut Steiger und Doug Berry kamen zwei weitere Neuzugänge, die richtig gut einschlugen. Und im Finale siegte man ausgerechnet gegen die DEG, was den Titelgewinn natürlich legendär machte (dazu später noch mehr). Ein Jahr später verteidigten die Haie ihren Titel erfolgreich.

Wenn ein Meister seinen Titel verteidigt, heißt das übrigens noch lange nicht, dass er ihn wieder gewonnen hat. Er muss ihn auch erfolgreich verteidigen. Uwe Krupp ging nach der 86er Meisterschaft nach Amerika, dafür kam Dieter Hegen nach Köln, und der legendäre Sturm Hegen/Truntschka/Steiger war geboren. Dazu kam noch Tom Thornbury an der blauen Linie. Die Haie fegten in jenem Jahr alle Gegner mit großem Abstand vom Eis, auch Mannheim im Finale war nur ein weiteres Opfer. 1988 machten die Haie den Hattrick perfekt und holten mit den Jungstars Thomas Brandl und Gori Köpf zwei weitere Top-Spieler. Im Finale ging es diesmal gegen Rosenheim, aber es war wesentlich enger als im Jahr zuvor. Spiele gegen Rosenheim oder Landshut, das klingt aus heutiger Sicht fast schon exotisch. Aber damals waren die bayerischen Traditionsvereine bärenstark, weil sie die deutschen Top-Spieler selbst ausbildeten und halten konnten.

Die deutschen Spitzenspieler bei den Haien waren bis auf Uwe Krupp auch aus Landshut, Kaufbeuren oder Bad Tölz. Sie wurden mit viel Geld an den Rhein gelockt, sonst hätte man mit den Bayern gar nicht mithalten können. Schon damals hat Geld Tore geschossen, und die reichen Klubs dominierten die Bundesliga. Viele gingen daran pleite, so gründete man 1994 die DEL und lagerte die

Profi-Abteilungen aus den Vereinen aus, wandelte sie in GmbHs um. Vor Konkursen war man damit noch immer nicht befreit, es war fortan aber nicht mehr ganz so schlimm.

Nach einer hart umkämpften und von vielen Rüpeleien geprägten Serie gegen Rosenheim feierten die Haie 1988 jedenfalls ihren dritten Titel in Folge, aber die goldenen Jahre gingen vorüber. Ausgerechnet die DEG lockte Torhüter Helmut de Raaf und die beiden Top-Stars Truntschka und Hegen mit sehr viel Geld nach Düsseldorf, und ausgerechnet gegen die DEG schied man im Halbfinale aus. Das Wort »ausgerechnet« kommt im Sport sehr oft vor. Fast in jedem Spiel. Weil es fast immer einen oder mehrere Spieler gibt, die schon für beide Klubs gespielt haben. Und wenn die dann ein Tor schießen, sind es ausgerechnet sie!

Mitte der Neunzigerjahre waren die Haie fast pleite, 1994 wurden sie knapp vor dem Konkurs gerettet und kamen nur ein Jahr später in der neu gegründeten DEL wie Phoenix aus der Asche. Unter Führung des genialen Sergej Beresin spielten die Haie nach einer durchwachsenen Vorrunde (Platz 6) groß auf, ihre durch den Schliff des russischen Trainers Wladimir Wassiljew überragende Fitness trug sie zur Meisterschaft. Der sechste Platz erwies sich durchaus als Glücksbringer, denn sieben Jahre später holten die Haie wieder vom sechsten Vorrundenlatz aus ihren bislang letzten Titel, dazu später noch mehr. Noch viel mehr.

Beresin war in der DEL eine Ausnahmeerscheinung. Der hatte in Deutschland eigentlich nichts zu suchen, er spielte auf NHL-Niveau und wechselte dann auch folgerichtig zu den Toronto Maple Leafs. Sergej Beresin war den üblichen DEL-Spielern deutlich überlegen, er ging nach Belieben durch die gegnerischen Abwehrreihen und spielte nur wegen Wassiljew in Köln. In 88 DEL-Spielen für die Haie schoss er 87 Tore und gab 50 Vorlagen, bei nur 16 Strafminuten. Technisch brillant und sehr fair, der perfekte Spieler.

GRUND 39

Weil sie achtmal tragisch im Finale verloren

Wenn es für Vizemeisterschaften auch Banner unter dem Hallendach gäbe, würde es in der Kölner Arena wohl aussehen wie auf einem Parteitag der kommunistischen Partei Chinas. Denn genauso oft, wie sie den Titel holten, verloren sie ihn auch. Und das in vielen Fällen denkbar knapp und unnötig. 1991, 1993, 1996, 2000, 2003, 2008, 2013, 2014. Besonders schmerzhaft für die Kölner Fanseele: Vier der acht Vizemeisterschaften »holten« die Haie seit ihrem letzten Meistertitel 2002. Noch nie wurden sie in der Lanxess-Arena Meister. Wem an dieser Stelle bereits das Herz blutet, der sollte nun tapfer weiterlesen und sich daran erinnern, dass Niederlagen den Charakter stärken.

1991 spielten die Haie im Finale gegen die DEG. Derby und Finale, mehr geht nicht für das Eishockeyherz. Nach zwei Niederlagen holten die Haie mit einem 1:0 an der Brehmstraße ein zweites Heimspiel und die Chance zum Ausgleich, doch vor eigenem Publikum verloren sie mit 0:4. Zwei Jahre später wieder Derby-Finale, und es wurde noch knapper. Im entscheidenden fünften Spiel ging es in die Verlängerung und Benoît Doucet versetzte den Haien den Todesstoß. Das tat weh. 1996 war wieder die DEG Finalgegner, und wieder verlor Köln, diesmal nicht ganz so eng.

So richtig knapp wurde es dann im Jahr 2000, diesmal ging es gegen die München Barons, einen dieser Eishockeyklubs in der bayerischen Landeshauptstadt, der mit viel Geld hochgepusht wurde und dann in der Insolvenz verschwand. In vier Spielen siegte München, und Köln vergab vor allem im vierten Spiel riesige Torchancen. 2003 traten die Haie in ihrer ersten Saison unter Hans Zach gegen den krassen Außenseiter Krefeld im Finale an und hatten im fünften Spiel vor eigenem Publikum die Chance, sich den Titel zu holen. Doch trotz einer 1:0-Führung ging das Spiel verloren.

Bitter war das Spiel vor allem für Top-Spieler Dave McLlwain. Der musste ein Jahr zuvor beim Titelgewinn der Haie verletzt zusehen, nun kassierte er gleich zu Beginn des fünften Finales eine höchst umstrittene Spieldauer-Disziplinarstrafe und war erneut zum Zusehen verdammt.

Auch 2008 mussten die Kölner Fans zusehen, wie auf eigenem Eis die Fans des Gegners jubelten. Diesmal verloren sie gegen die Berliner Eisbären, derselbe Gegner holte sich dann auch 2013 den Titel gegen Köln. In beiden Serien scheiterten die Haie an ihrer schlechten Chancenverwertung, es war mehr drin, deshalb schmerzten die Niederlagen gegen Berlin besonders. 2008 waren die Eisbären zudem verletzungsbedingt stark angeschlagen, die Haie hätten vielleicht mit hartem Körpereinsatz Kapital daraus schlagen können, setzten aber auf spielerische Tugenden, und da waren die technisch starken Berliner einen Tick besser.

2014 folgte dann die engste Finalserie aller Zeiten. Gegen das Überraschungsteam aus Ingolstadt verloren die Haie nach sieben Spielen, der Modus wurde zum ersten Mal überhaupt im »Best-of-7«- Format ausgespielt. Nach zwei Auftaktsiegen waren die Haie auf Goldkurs, verloren dann drei Partien in Folge. Mit einem dramatischen 1:0 nach Verlängerung bei den Bayern holten sich die Haie ihr Entscheidungsspiel zu Hause, doch wie schon so oft in ihrer Geschichte verloren sie, als es wirklich darauf ankam zu gewinnen. Da war viel Pech im Spiel, doch Moritz Müller sagte hinterher selbstkritisch: »Große Teams gewinnen solche Spiele.«

Der Killerinstinkt fehlte, im dritten Spiel hatten sie die Chance, sich bei eigener Überzahl eine 3:0-Führung in der Serie zu holen, damit wäre die Sache wohl entschieden gewesen.

GRUND 40

Weil bei ihnen prominente Trainer gearbeitet haben

Der erste war ein Tscheche: Ondrej Bendik war schon beim KEK Trainer gewesen und übernahm auch den KEC nach dessen Gründung. Bendik schaffte den Aufstieg in die Bundesliga und den Klassenerhalt. Am 17. 05. 2017 verstarb Bendik. Die erste richtig schillernde Trainerpersönlichkeit war Gerhard Kießling, der Vater von Verteidigerlegende Udo Kießling. »Der alte Kieß« wurde 1922 geboren und übernahm die Haie, mit denen er zweimal Meister wurde. Kießling hatte eine turbulente Laufbahn, er war in der DDR Spieler und Trainer, floh 1957 in die Bundesrepublik.

Nach der Wiedervereinigung ging er noch einmal in den Osten zurück und trainierte 1991 den EHC Dynamo Berlin, aus dem später der EHC Eisbären hervorging. Sein Engagement wurde in Köln kurz von Olle Öst unterbrochen, der später bei Preussen Berlin und dem Mannheimer ERC erfolgreich arbeitete. Auch Kießling verstarb erst kürzlich, am 07.04.2017, im Alter von 94 Jahren.

Ausgerechnet der »beste DEG-Spieler aller Zeiten« war auch einmal Trainer in Köln. Otto Schneitberger stand in der Saison 1979/80 hinter der Kölner Bande. Auch aus Mannheim holten die Haie eine Legende, Heinz Weisenbach war 1980 Meister mit den Kurpfälzern und ging dann nach Köln.

Ein lauter Slowake führte die Haie 1984 zu ihrem dritten Meistertitel. Jozef »Joschi« Golonka galt als harter Hund, der seine Stars auch einmal zu Hause ließ und mit einem Rumpfteam antrat, um sie zu zähmen. Der junge Uwe Krupp machte bei Golonka seine ersten Schritte als Profi und wurde später selbst Trainer der Haie. Nach Golonka kamen Hardy Nilsson und Wladimir Wassiljew, von denen hier später noch viel mehr die Rede sein wird. Nach dem Meistertitel 1995 setzten die Haie fast nur noch auf nordamerikanische

Trainer. Bob Murdoch holte 1995 den Titel, später kam der glücklose Kevin Primeau.

Nur ein einziges Mal wurde die Serie unterbrochen, als der Finne Timo Lahtinen die Haie coachte. Der lieferte sich 1998 mit Hans Zach ein Duell auf einer Pressekonferenz. Die Haie hatten gerade gegen Zachs Kassel Huskies gewonnen, und Lahtinen erklärte, er habe nie Zweifel am Sieg gehabt. Das stank dem Alpenvulkan (der hier später ebenfalls noch ausführlich gewürdigt wird). Zach nahm noch einmal das Mikro und erklärte, sie seien nur die Huskies und hätten nicht so eine große Arena wie Köln und auch keinen Trainer, der die Zukunft vorhersagen könne. Lahtinen verließ daraufhin seinen Platz, und als Zach ihm hinterherrief »Das kannst du zu Hause machen«, drehte sich der Finne noch einmal um und zeigte Zach den Mittelfinger.

Lahtinen blieb nicht lange, die Haie holten Mannheims Meistercoach Lance Nethery als Manager und Bob Leslie als Trainer. Die Haie stellten ein Team voller Stars auf, das seinesgleichen suchte und stark aufspielte, Meister wurde es jedoch nicht. Nethery stellte sich dann selbst hinter die Bande, dann überließ er wieder Leslie den Platz, um schließlich selbst wieder zu coachen. Zwischendurch düste der Kanadier immer wieder zu seiner Familie in die USA.

Als die Saison 01/02 den Bach herunterzugehen drohte, zogen die Haie die Reißleine. Sie verpflichteten Hans Zach für die kommende Saison, entließen Nethery und gaben dessen Co-Trainer Rich Chernomaz die Aufgabe, die Mannschaft für die letzten Wochen zu coachen und sich dann einen neuen Job zu suchen. Was dann geschah, ist bekannt: Chernomaz wurde mit dem Team Meister und ging nach Frankfurt, wo er zwei Jahre später erneut Meister wurde. So läuft das im Sport. Chernomaz, »die Axt aus Manitoba«, konnte das Team top motivieren.

Zach wurde mit den Haien 2003 Vizemeister und 2004 Pokalsieger (diesen Wettbewerb stampfte man später ein). Nach vier Jahren in Köln hatte man sich dann auseinandergelebt, die Haie suchten einen neuen Coach. Und es kam wieder zu einer interessanten Pressekonferenz. Nach einem Spiel der Haie gegen Iserlohn kam Roosters-Trainer Doug Mason in den Presseraum und setzte sich auf den Platz von Hans Zach.

Als man ihn darauf aufmerksam machte, sprang Mason mit einem »Oh« auf und setzte sich auf den anderen Stuhl. Zach kam kurze Zeit später in den Raum, und Mason rief: »Hans, ich habe auf deinem Stuhl gesessen!« Darauf Zach: »Wer weiß, vielleicht nächstes Jahr?« Und Mason wurde tatsächlich Zachs Nachfolger.

Mason brachte aus Iserlohn seinen Freund und Co-Trainer Clayton Beddoes mit. Die beiden ergänzten sich gut. »Ich rede zu viel, er redet zu wenig«, sagte Mason. »Das passt.« Doug Mason war mit Leib und Seele Trainer. Er jubelte und litt mit seinen Spielern wie kaum ein anderer. Wenn man ihn auf vermeintliche Fehlentscheidungen gegen seine Spieler ansprach, geriet er oft in Rage. Dann fegte er mit einem imaginären Schläger durch den Presseraum und spielte die entsprechende Szene nach. Dann sagte er oft mehr, als er eigentlich verraten durfte.

Clayton Beddoes sagte später: »Er kam dann in die Kabine, runzelte die Stirn und meinte: ›Vielleicht hätte ich das eben nicht sagen dürfen.‹« 2008 erreichten die Haie mit Mason das Finale und verloren gegen die Berliner Eisbären. Danach kam es zum Zerwürfnis zwischen Mason und Manager Rodion Pauels. Nach einem schwachen Saisonstart wurden erst Mason und dann Beddoes zum Rapport gebeten. Mason wurde entlassen, Beddoes fragte man, ob er den Job übernehmen wolle. Der sprach erst einmal mit seinem Chef und Freund darüber. Mason sagte sofort: »Geh wieder hoch, verlange mehr Geld und mach den Job!«

Beddoes war ein lieber Kerl, aber genauso wie sein kurzzeitiger Nachfolger Rupert Meister eher ein Verlegenheitskandidat, denn die Haie standen kurz vor der Pleite und konnten sich keinen prominenten Coach leisten. »Ich war Rupert Meister sehr dankbar, dass er da mitgemacht hat«, erklärte Eichin später.

Nach Beddoes holten die Haie Igor Pavlov, einen Russen, der als Trainer in Krefeld Erfolg hatte. Doch Pavlov passte nicht nach Köln, der sportliche Erfolg blieb weiterhin aus. Die Mannschaft startete gut in die Saison, zeigte jedoch unglaubliche mentale Schwächen. Oft wurden deutliche Führungen noch verspielt, weil das Team wackelige Beine bekam. Als die Haie gegen Hannover zehn Minuten vor Schluss 5:1 führten und noch mit 5:6 n.V. verloren, zog man die Reißleine.

Als Pavlov gefeuert wurde, musste auch Manager Rodion Pauels sein Hut nehmen und ging zurück in den Nachwuchs. Die Haie holten nun ein Gespann, das unterschiedlicher nicht sein konnte: Bill Stewart und Niklas Sundblad. Stewart war in der DEL kein unbeschriebenes Blatt, war vor allem durch Skandale aufgefallen.

Einst hatte er sich in den Play-offs eine wüste Schlägerei mit seinem Trainerkollegen Pavel Gross geliefert, später dann einen Ohnmachtsanfall an der Bande vorgetäuscht, um eine Spielunterbrechung herbeizuführen, damit sein Top-Spieler schnell die Schlittschuhe wechseln konnte. In den USA hatte der Kanadier über viele Jahre Einreiseverbot, weil er mal versucht hatte, einen osteuropäischen Spieler im Kofferraum eines Reisebusses über die Grenze zu schmuggeln.

Trotzdem gaben ihm die Haie den Trainerposten und den des Managers gleich dazu, was außerhalb der Chefetage niemand wirklich nachvollziehen konnte. Stewart baute das Team komplett um, präsentierte sein Vereinskonzept auf Flip-Charts. Doch seine Verpflichtungen erwiesen sich als Fehlgriffe. Zum Beispiel der designierte Spielmacher Ross Lupaschuk, der in seiner Karriere nirgends lange unter Vertrag geblieben war, weil er als widerspenstig galt.

Auch in Köln flog er raus; nachdem Stewart in der Kabine sein Konzept für das Überzahlspiel vor der Mannschaft präsentiert hatte, meinte Lupaschuk kopfschüttelnd »this won't work«. Wenn ein Trainer so einen Spieler nicht hinauswirft, hat er keinen Respekt mehr im Team.

Noch mehr lag Stewart auf der Schlüsselposition des Torhüters daneben. Zwei Goalies holte er, beide waren nichts. Adam Dennis galt als Risikoverpflichtung. Dazu Stewart: »Ich mag Risiken!« Auf der Schlüsselposition? Das klappte nicht, man holte Wade Dubielewicz, und der war noch schlechter. »Der schlief in der Kabine ein«, erzählte Mirko Lüdemann später dem *Kölner Express*[2].

Stewart musste gehen, Niklas Sundblad übernahm für den Rest der Saison, für die nächste Spielzeit hatten die Haie bereits einen Riesenkracher unter Vertrag genommen: Uwe Krupp, von dem in diesem Buch an anderen Stellen ausführlich die Rede ist. Nach Krupp kam noch einmal Sundblad, nach Sundblad kam Cory Clouston.

Niklas Sundblad war ein sehr akribisch arbeitender Trainer, der viel auf läuferische Tugenden setzte. Bei den Spielern genoss er teilweise hohes Ansehen, war aber auch umstritten. In Ingolstadt hatte es eine kleine Revolte gegen Sundblads hartes Training gegeben, doch der Verein hielt das aus, setzte bis zum Saisonende auf den Schweden und der holte völlig überraschend nach einer schwachen Vorrunde die Meisterschaft.

Dadurch wollten die Haie ihn unbedingt wieder zurückholen. Doch auch hier zeigt sich, wie unglaublich eng es im Eishockey zugeht: Ingolstadt musste in der ersten Play-off-Runde gegen Berlin ran und zog durch ein Tor in der Verlängerung des entscheidenden Spiels ins Viertelfinale ein. Ein einziger Schuss an den Pfosten oder ein einziges Glückstor für Berlin, und Ingolstadt wäre ausgeschieden, niemand hätte in Köln wohl mehr von Sundblad gesprochen.

Die Haie setzten voll auf Sundblad, er war Trainer und Manager in Personalunion. Doch am Ende kam es nach immer schlechteren Leistungen des Teams zu einer Revolte gegen den Schweden. Als er mitten in der Saison die gesamte Mannschaft in ein Trainingslager einkasernieren wollte und der Bus schon vorgefahren war, streikten einige Spieler. Die Haie hatten nun nur die Wahl zwischen Trainer und Mannschaft. Und da zieht ein Trainer immer den Kürzeren. Die Macht sitzt nun einmal in der Kabine.

In der Öffentlichkeit kann Niklas Sundblad als sehr trockener, humorloser und wortkarger Mensch rüber, doch abseits der Kameras war er ein sehr freundlicher, charmanter Zeitgenosse. Immer höflich und auskunftsbereit, ein idealer Partner für die Medien.

Sundblad wurde durch den heutigen Coach Cory Clouston ersetzt, der eine völlig andere Philosophie verfolgte: Kürzere Trainingseinheiten und mehr Körpereinsatz, die Haie sollten nun ein unangenehmer Gegner werden. Mehr Erfolg hatten sie dadurch nicht, Clouston kam in seiner ersten Saison ins Halbfinale, in seinem zweiten Jahr schieden sie bereits im Viertelfinale aus.

GRUND 41

Weil sie nie ihren Namen änderten

Die Kölner Haie waren immer Haie, sind Haie und werden es hoffentlich auch immer sein. Eines vorweg: Dies soll kein hochnäsiges Herabblicken auf jene Klubs sein, die ihre Namen schon geändert haben. Eishockey ist ein Zuschussgeschäft, und man muss jede Chance nutzen, um zu überleben. Die Eishockeyklubs können ihre Etats nicht wie die Fußballer durch TV-Gelder decken, sie müssen sie sich erwirtschaften, von Monat zu Monat, von Saison zu Saison.

Wenn also zum Beispiel die traditionsreiche Düsseldorfer EG sich zwischendurch in »DEG Metro Stars« umbenannte, dann war das dem puren Überlebenskampf geschuldet. Ein gutes Beispiel dafür findet man in Nürnberg, der Stammverein EHC 80 Nürnberg wurde zu den Nürnberg Ice Tigers, später zu den »Sinupret Ice Tigers« und heißt nun »Thomas Sabo Ice Tigers«. In München hat man sich schon an ständige Namensänderungen gewöhnt, hier gab es seit 1982 »Hedos München«, »Mad Dogs München«, die »München Barons« und nun »Red Bull München«. Das wäre in Köln undenkbar, hier gibt es die Haie und sonst nichts.

Eine Namensänderung ist für traditionsbewusste Fans nicht schön, aber soll man komplett den Betrieb einstellen, weil man den Sponsoren nicht mit der Vermarktung des Vereinsnamens entgegenkommt? Als es den Haien 2008 finanziell nicht gut ging, waren auch Modelle wie Namensänderung im Gespräch, um das Überleben der Spezies Kölner Hai zu sichern. Damals hängten Fans ein Banner auf, mit der Aufschrift: »Und sind die Zeiten noch so schlecht, Hände weg vom Namensrecht!« Offensichtlich wollten diese Anhänger lieber komplett auf Profi-Eishockey in ihrer Stadt verzichten, als unter einem Namen wie »Rhein Energie Haie« oder »Lanxess-Haie« anzutreten. So sehr lieben diese Fans ihre Haie und sie sind dankbar dafür, dass die Haie nie ihren Namen aufgeben mussten.

In anderen Ländern sind die notgedrungenen Namenskreationen noch kurioser als in Deutschland. So heißt die österreichische Profiliga »Erste Bank Eishockey Liga«. Es handelt sich hier nicht um die erste Bank in einem Park, sondern um ein Kreditinstitut. Angesichts der häufigen Pleiten im Eishockeysport ein fast schon ironischer Name für eine Liga. Vielleicht wird ja eines Tages ein Gerichtsvollzieher Trikotsponsor. Oder ein Insolvenzverwalter. Lachen Sie nicht, es gibt schließlich schon Zahnarztpraxen, die mit den Zahnlücken der Spieler werben. Wo? Natürlich bei den Kölner Haien.

GRUND 42

Weil sie der erste Klub mit einem Tiernamen waren, lange bevor es in Mode kam

Als 1972 die Kölner Haie gegründet wurden, gab es in Eishockey-Deutschland auch mitleidige Blicke. Ein Tiername? Was sollte das? Und warum Haie, was haben die mit Eis zu tun? Die leben doch eher in warmen Gewässern? In den Siebzigern gab es noch die klassischen Eishockey-Namen. Der Berliner Schlittschuh-Club, die Düsseldorfer EG, der EV Landshut, der ESV Kaufbeuren, der Mannheimer ERC – sie alle hatten Namen, die weit in der ersten Hälfte des 20. Jahrhunderts gefunden wurden. Diese klangen mittlerweile zwar etwas angestaubt, zum Beispiel beim »Schwenninger Eis- und Rollsportclub 04«, aber so etwas lieben die Fans, weil diese Namen die Ursprünge und die Tradition eines Vereins symbolisieren.

Die Haie hatten auch so einen Namen, sie waren »der KEC«. Aber eben mit dem Zusatz »Die Haie.« Wie es zur Auswahl des Meerestieres kam, weiß man nicht mehr so genau, selbst auf der offiziellen Website der Haie gibt es dazu keine Klärung. Sicher ist nur, dass der damalige Torhüter (und Künstler) Dieter Horky die markante Grafik entwarf. 22 Jahre später wurden sie plötzlich zu Pionieren der Namensfindung, denn die DEL wurde gegründet. Übrigens unter der Federführung des KEC-Gründungsmitglieds Bernd Schäfer III, der die Zahl hinter seinem Namen wegen seines Berufes trug, er war Rechtsanwalt.

Die DEL war sehr umstritten, schließlich machte sich die Profiliga vom Verband selbstständig, und die Profiabteilungen der Klubs lösten sich von ihren Stammvereinen, wurden zu GmbHs, also zu Wirtschaftsunternehmen. 1994 ging folgender Witz um: »Warum ziehen so viele Menschen aus Delmenhorst weg? Weil sie nicht mit einem DEL-Kennzeichen herumfahren wollen.« Seit damals gibt es in Köln die Haie GmbH mit den Profis und den KEC e.V. für den Nachwuchs.

Jedenfalls gaben sich die Profi-GmbHs an fast allen Standorten plötzlich neue Namen, und die meisten nahmen sich ein Tier zur Brust. Auf einmal gab es mehrere »Adler«, dann gab es »Löwen«, »Revier Löwen« oder »Huskies«. In Landshut gab es plötzlich sogar Kannibalen. Am ungewöhnlichsten kamen die »Grizzly Adams Wolfsburg« rüber, benannt nach einer TV-Figur, dem »Mann in den Bergen«. Zum Glück nannte sich kein Klub nach J.R. Ewing oder Professor Brinkmann. Schön sind auch die »Fishtown Pinguins« aus Bremerhaven – es gibt auf Deutsch »Pinguine« und auf Englisch »Penguins«, aber aus welcher Sprache stammen »Pinguins«? Des Rätsels Lösung: »Pinguins« ist der plattdeutsche Plural für das Watscheltier. Da muss man erst einmal draufkommen.

Die DEG blieb ihrem Namen treu, bis sie irgendwann den Namen ihres Sponsors einbaute, siehe oben. Und die Haie? Die hatten ihren Tiernamen schon ewig und waren dadurch plötzlich mit mehr Tradition behaftet als die tierische Konkurrenz. Die Umbenennung von 1972 hatte sich als geradezu visionär erwiesen, fast schon avantgardistisch. Die Tiernamen richteten übrigens eine ganze Menge Schaden an, viele Zeitgenossen konnten sich mit der neuen DEL und ihrem Zoo nicht anfreunden.

Die TV-Übertragungen gingen drastisch zurück, die alte Eishockey-Bundesliga hatte einen festen Platz in den Sportsendungen von ARD und ZDF, mit den Tiernamen verschwand die Liga von den Bildschirmen und konnte froh sein, dass das Pay-TV irgendwann einsprang. Bei den öffentlich Gebrechlichen kam nichts mehr über Eishockey, gar nichts! Selbst wenn man denen fertig produzierte Beiträge schickte, brachten sie nichts mehr. Eishockey wurde olympisch. Eine Sportart ist dann olympisch, wenn die breite Öffentlichkeit sie nur alle vier Jahr wahrnimmt. Zum Glück waren die Haie davon nicht abhängig, durch ihre lokale Präsenz in Köln kamen die Zuschauer trotzdem in Scharen. Weil sie schon immer Haie waren.

GRUND 43

Weil Udo Kießling in Köln zum Rekordmann wurde

Sein Trikot mit der legendären Nummer 4 hängt unter dem Dach der Lanxess-Arena. Mit den Kölner Haien holte er sechs Meisterschaften, er ist mit 320 Einsätzen Rekord-Nationalspieler: Udo Kießling feiert am 21. Mai seinen 60. Geburtstag. Geboren am 21. Mai 1955 in Crimmitschau zählt er zu den deutschen Eishockeylegenden seiner Generation. Sein erster Trainer war sein Vater und späterer Bundestrainer Gerhard Kießling. Udo entwickelte sich zu einem hervorragenden Verteidiger und kam mit 17 Jahren 1972 in das Bundesligateam des SC Riessersee.

Schon ein Jahr später machte er sein erstes Länderspiel und wurde in das WM-Aufgebot für die A-WM in Moskau berufen. Zwischen 1972 und 1996 spielte Kießling für den SC Riessersee, den Augsburger EV, den EV Rosenheim, den Kölner EC, die Düsseldorfer EG, den EV Füssen und den EV Landshut. Er machte 1.020 Spiele in der höchsten Klasse und kam dabei auf 881 Skorerpunkte. Er war der erste deutsche NHL-Spieler (1981 ein Spiel für die Minnesota North Stars) und gewann 1976 Olympia-Bronze, die Aufzählung aller seiner Erfolge würde den Rahmen sprengen.

Trotz eines NHL-Angebotes blieb er in Deutschland. Auch heute ist Udo Kießling noch nah am Geschehen und als Berater der Kölner Haie aktiv. Dazu ist er Ehrenmitglied der Haie-Traditionsmannschaft. Seit seiner Rekordzeit hat sich das Eishockey verändert. »Die Mannschaften sind kompakter, es gibt jetzt 15 oder mehr Spieler auf hohem Niveau, zu meiner Zeit waren es nur fünf oder sechs«, sagt er. »Und die Schiedsrichter pfeifen kleinlicher als damals. Ansonsten ist das Eis genauso glatt wie früher.«

GRUND 44

Weil sie viele Rekorde halten

Seit 1972 sind die Kölner Haie dabei und haben sowohl in der alten Eishockey-Bundesliga (BL) als auch in der Deutschen Eishockey Liga (DEL) viele Rekorde aufgestellt. Bis zur Saison 2016/17 waren sei seit 1972 achtmal Meister, achtmal Vize, siebenmal im Halbfinale, neunmal im Viertelfinale, nur zweimal verpassten sie die erst seit 1981 ausgespielten Play-offs.

Im Rekordbuch der *Eishockey NEWS* tauchen die Haie sehr regelmäßig auf. Unter den zwölf besten Scorern aller Zeiten (also BL und DEL zusammen) stehen gleich acht Spieler, die für den KEC aktiv waren! Erich Kühnhackl (1.), Gerd Truntschka (2.), Dieter Hegen (3.), Helmut Steiger (4.), Marcus Kuhl (5.), Udo Kießling (9.), Robert Hock (11.) und Miro Sikora (12.) trugen mindestens eine Saison lang das Haie-Trikot. Auch unter den besten Torschützen (Kühnhackl) und den besten Vorlagengebern (Truntschka) aller Zeiten sind die Haie ganz vorne mit dabei. Bei den reinen DEL-Statistiken ragt Haie-Legende Mirko Lüdemann mit 1.197 Spielen auf dem ersten Platz heraus, die er alle in Diensten der Haie absolvierte.

Bei den meisten Spielen innerhalb einer Saison führen ebenfalls zwei Kölner. Brad Schlegel und Andreas Renz machten in der Saison 01/02 jeweils 72 Pflichtspiele! Im selben Jahr stand Chris Rogles 70 Mal im Kölner Tor, auch das ist bis heute Liga-Rekord. Die meisten Tore innerhalb einer Saison lieferten Kölner Spieler ab, die bisherige Nummer 1 ist Sergej Beresin, der 1995/96 63-mal traf, darunter befanden sich 13 Siegtreffer. In jener Saison stellten die Haie auch das bis heute beste Powerplay innerhalb einer Spielzeit mit einer Quote von 26,5 Prozent.

Ein Jahr zuvor hatte Beresin 55 Tore geschossen und liegt damit auf Rang 2. Dritter hinter dem doppelten Beresin ist ebenfalls ein

Hai: Ivan Ciernik traf in der Saison 07/08 49-mal. Peter Draisaitl machte im Haie-Dress in der Saison 94/95 21 Spiele in Folge mit mindestens einem Scorerpunkt, das ist bis heute Liga-Rekord.

Auch für ihre Härte waren die Kölner immer bekannt, Rekordhalter bei den DEL-Strafbankkönigen ist Jason Marshall mit 295 Strafminuten in der Saison 07/08! Noch mehr Zahlen gefällig: Die Kölner Spieler Bruno Zarillo und Dwayne Norris (2) erzielten am 18.01.1998 beim 6:5 n.V. in Mannheim drei Tore binnen 21 Sekunden. Ligarekord! Auch vereinsinterne Rekorde gibt es bei den Haien selbstverständlich.

Die Rekordzahl an Spielen liegt bei Mirko Lüdemann mit 1.197 Einsätzen für den KEC, ein Rekord für die Ewigkeit? Moritz Müller könnte Lüdemann irgendwann einholen, falls er ähnlich lange in Köln aktiv und von Verletzungen verschont bleibt. Einen weiteren haushohen Rekord hält Miro Sikora mit 450 Toren, noch aktive Haie-Spieler sind weit davon entfernt, auch nur in die Nähe zu kommen.

Der beste Vorlagengeber in der Kölner Historie ist Gerd Truntschka mit 555 Assists. Truntschka ist mit 891 Punkten auch der bisher beste Scorer der Haie-Geschichte. Strafbankkönig ist übrigens Dave McLlwain mit 852 Strafminuten. Mehr als die harten Kerle Andreas Lupzig (811) und Andreas Renz (807). Wer hätte das gedacht?

Als gute Gastgeber sind die Haie übrigens auch an Rekorden anderer Klubs beteiligt. Am 20. Dezember 2015, der Weihnachtsmann kam in jenem Jahr früh, kassierten die Haie gegen die nicht als Tormaschine bekannten Straubing Tigers im ersten Drittel innerhalb von 6:15 Minuten fünf (in Zahlen 5!) Tore. Dieser Rekord ist so dermaßen einsam, dass er mangels Kategorie gar nicht erfasst wurde. Es gibt zu wenige Ereignisse, die eine Aufzählung aller »am schnellsten erzielten fünf Tore für ein Team« füllen könnte. Man könnte hilfsweise sonst jedes Spiel aufzählen, das mit mehr als vier Toren Unterschied entschieden und nicht von einem Gegentreffer unterbrochen wurde.

GRUND 45

Weil die Haie immer auch ein Familienbetrieb auf dem Eis waren

Wim Hospelt ist einer der Pioniere des KEC, er stammte aus jener Gruppe, die sich 1972 vom KEK trennte und den KEC gründete. Bis 1978 war Hospelt Profi beim KEC, wurde mit dem Klub Deutscher Meister. Seine Gene und seine Erfahrung gab er an seinen Sohn Kai weiter, der alle Nachwuchsstationen der Haie durchlief und schon mit 17 Jahren den Sprung in den Profikader schaffte. Als Sohn der Vereinsikone und kölscher Junge hätte Kai Hospelt sich mit einem langjährigen Vertrag in seiner Heimatstadt eine sichere Zukunft bauen können, doch er suchte die Herausforderung und verließ die Haie. Kai ging nach Wolfsburg, wo er zum Nationalspieler und Mannschaftskapitän reifte.

2013 ging Kai Hospelt nach Mannheim und wurde mit den Adlern Deutscher Meister. In Köln nahmen ihm die Fans den Erfolg ein wenig übel, schließlich hätten sie Kai gerne weiter im Haie-Trikot gesehen. 2015 holte der damalige Haie-Trainer Niklas Sundblad den verlorenen Sohn zurück an den Rhein, damit schloss sich der Kreis.

Es gab weitere Familienbande bei den Kölnern, die Kießlings waren allseits bekannt. Gerhard Kießling war Trainer beim KEC, sein Sohn Udo wurde am Rhein zur Legende. Udo spielte auch unter seinem Vater, eine derartige Konstellation gab es erst 2011 wieder bei den Haien, als Trainer Uwe Krupp seinen Sohn Björn zum KEC holte. Björn war in Nordamerika ausgebildet worden und wechselte dann zu seinem Vater.

Die beiden erreichten mit den Haien zweimal das Finale. Legendär wurde ein Satz des Eisbären-Spielers Florian Busch, der Björn Krupp mit »ah, dem Trainer sein Sohn!« verspottete, als Björn hinter dem eigenen Tor hingefallen war und dadurch ein Gegentor verursacht hatte. Busch ist heute Spieler unter Uwe Krupp in Berlin, Björn wurde nach der Entlassung seines Vaters in Köln aussortiert und spielt nun in Wolfsburg.

Die Verbindung Trainer/Sohn ist immer etwas pikant, weil sich beide ständig dem Verdacht aussetzen, ein gegenüber den anderen Spielern bevorzugtes Verhältnis zu haben. Wie sollte es auch anders sein? Björn Krupp schilderte ein Beispiel und erzählte, als er in Kanada Nachwuchsspieler unter seinem Vater gewesen sei, habe der ihn bei Fehlern schnell mal auf die Bank geschickt, damit die Eltern der anderen Jungs sahen, dass er nicht bevorzugt wird. Interessant bei den Krupps war auch die Tatsache, dass beide englisch miteinander sprechen.

Der Grund für diese ungewöhnliche Kommunikation lag in der Tatsache, dass Björn als Junge zu seinem Vater nach Amerika kam, wo Uwe Krupp erfolgreich als NHL-Profi spielte. Björn sprach kaum englisch, und die Lehrer rieten den beiden, zu Hause englisch miteinander zu reden, damit Björn die Sprache schneller lernen konnte. Dies wurde den beiden dann so zur Gewohnheit, dass sie dabei blieben und selbst in Deutschland noch englisch miteinander redeten. »Es war komisch, als ich meinen Vater eine Ansprache vor der Mannschaft auf Deutsch halten hörte«, erklärte Björn.

Brüderpaare oder Vater/Sohn-Arbeitsverhältnisse gab es seit den Krupps nicht mehr bei den Haien, dennoch gibt es einige aktive Söhne von bekannten Eishockeyspielern und -trainern: Nick Lattas und Sebastian Uviras Väter sind sehr bekannt, Ex-Hai Max Reinhart kommt aus einer sehr aktiven Eishockeyfamilie mit Brüdern in der NHL. Der Vater von Haie-Stürmer Jean-François Boucher war sogar einmal Olympiasieger, allerdings nicht im Eishockey: Gaétan Boucher holte 1984 in Sarajewo Gold im Eisschnelllauf. Ihm zu Ehren spielt der Filius mit der Rückennummer 84.

GRUND 46

Weil sie auch international Erfolge feierten

Auch europaweit feierten die Haie Erfolge, was für eine deutsche Mannschaft beachtenswert ist. Den ersten Paukenschlag setzten sie im September 1985, also vor Saisonstart, bei einem Finalturnier um den Europacup der Meister des Vorjahres. Mit einem 5:4 gegen Polonia Beuthen und einem sensationellen 6:3 gegen AIK Stockholm wurden sie Zweiter hinter der Übermannschaft von ZSKA Moskau, gegen die man mit 3:9 verlor.

Im Februar 1989 waren die Haie an der Lentstraße sogar Gastgeber des Endturniers, ein Achtungszeichen, sie gehörten in Europa dazu. Sieger war natürlich wieder Moskau, keine Frage. 1995 setzten die Haie ein besonderes Ausrufezeichen: Sie standen im Finale gegen Jokerit Helsinki (die Moskauer waren nach der Wende nicht mehr so dominant, ihre Spieler waren nun in der NHL) und lieferten den Finnen ein fantastisches Spiel. Erst im Penaltyschießen unterlagen sie mit 3:4, hatten sich aber europaweit große Achtung verdient.

1999 nahmen die Haie am glorreichen Spengler Cup in Davos teil und gewannen den Pokal als erstes deutsches Team seit Menschengedenken. Der Spengler Cup findet jedes Jahr zwischen Weihnachten und Silvester im schweizerischen Davos statt, mit einem wunderschönen Alpenpanorama in einer in hellem Holz gehaltenen Eishalle, die fast schon eine Eis-Kathedrale ist. Das spielerische Niveau des Spengler Cup ist jedes Jahr sehr hoch, dort treten internationale Top-Teams an. Dass die Haie den Cup als bisher letztes deutsches Team gewannen, wurde hierzulande vielleicht nicht genug gewürdigt, im Kölner Trophäenschrank nimmt er jedoch einen ganz besonderen Platz ein.

Den bisher letzten internationalen Erfolg feierten die Haie 2011, als sie als erstes deutsches Team in 82 Jahren den »Tatra Cup« in der Slowakei gewannen.

GRUND 47

Weil sie tolle Präsidenten hatten

Präsidenten von Eishockeyklubs waren früher oft sehr schillernde Persönlichkeiten, die oft ungewöhnliche Wege gingen, um ihre Klubs am Leben zu erhalten. So wurde in Iserlohn schon mal für das *Grüne Buch* des damaligen libyschen Präsidenten Muammar al-Gaddafi geworben, was die Bundesregierung zum Einschreiten veranlasste. Auch in Köln gab es interessante Personen an der Spitze, ohne die es die Haie heute nicht gäbe. Der Bunteste war Dr. Jochem Erlemann (eigentlich Joachim-Georg Erlemann), den die Haie 1976 quasi an der Theke als Präsidenten gewannen. Erlemann hatte den Spitznamen »Spezialitäten-Doktor«, weil er sich mit Abschreibungsmodellen und Gesetzeslücken sehr gut auskannte. Nach seiner Zeit bei den Haien landete er für mehrere Jahre im Gefängnis.

Erlemann klotzte von Anfang an richtig los, holte für viel Geld den damaligen Superstar Erich Kühnhackl nach Köln und gewann mit dem KEC gleich die erste Meisterschaft. Dann stopfte er große Schuldenlöcher bei den Haien. Erlemann war kein Kind von Traurigkeit, einmal griff er sich bei einem Spiel das Hallenmikro und kritisierte eine Entscheidung des Schiedsrichters, der Erlemann daraufhin der Halle verwies, was nur mit sanfter Gewalt tatsächlich umgesetzt werden konnte. Erlemann steckte viel eigenes Geld in die Haie und trat schon 1979 zurück, nach zwei Meisterschaften, die man in Köln ohne ihn sicher nicht gewonnen hätte.

Viele jüngere Haie-Fans werden es vielleicht nicht wissen, für alle älteren hingegen ist es sonnenklar: Ohne Heinz Landen und Heinz-Hermann Göttsch gäbe es die Haie wohl nicht in der aktuellen Form. Landen war in der erfolgreichsten Haie-Zeit, in den 80ern, Präsident des KEC. Während seiner Amtszeit wurden die großen KEC-Legenden um Gerd Truntschka und Co. an den Rhein geholt, man feierte große Erfolge. 1994 wurde Landen durch ein Herzleiden geschwächt, er starb 1999.

Die Haie gingen fast pleite, Landen trat zurück. Der Verein wurde knapp gerettet, und der nächste Heinz übernahm das Zepter. 1994 ging es den Haien wieder einmal finanziell nicht so gut, der Immobilienentwickler Heinz-Hermann Göttsch sprang als Geldgeber ein, wurde später sogar Hauptgesellschafter des KEC. Jedes Jahr machten die Haie rote Zahlen, die Göttsch ausglich und eine schwarze Null aus dem Defizit machte. So konnten die Haie 1995 und 2002 ihre bisher letzten beiden Titel feiern. Göttsch war kein bunter Vogel wie andere Bosse vor ihm, er blieb lieber im Hintergrund und baute Einkaufszentren.

Einmal jedoch war auch Göttsch im Rampenlicht. Als die Haie 2002 die Meisterschaft in Mannheim gewannen, warteten in Köln vor der Trainingshalle rund 6.000 begeisterte Anhänger auf die Mannschaft. Als der Bus mitten in der jubelnden Menge stand und die Spieler auf das Dach kletterten, um sich den Fans zu zeigen, war auch Göttsch dabei. Es war sein Titel, ohne ihn wäre es sehr schwierig gewesen.

Göttsch zog sich 2009 von den Haien zurück, damit stand der KEC nur Millimeter vor der Insolvenz. Später wurde bekannt, dass Göttsch offensichtlich das Geld ausgegangen ist, seine Firma stand vor der Insolvenz, der Immobilienmarkt war zu schwierig geworden.

Einen weiteren Kölner Funktionär muss man unbedingt noch erwähnen: Bernd Schäfer III. Den ungewöhnlichen Namen hatte er, weil er Anwalt war und es mehrere Advokaten gleichen Namens gab, so unterschied man sie durch römische Zahlen hinter dem Nachnamen. Schäfer war 1972 Gründungsmitglied der Haie, er war 1994 Interimspräsident und rettete sie mit einem Sanierungskonzept vor der Pleite. Schäfer wurde später zum Ehrenpräsidenten des KEC ernannt.

Im selben Jahr zählte Schäfer maßgeblich zu den Gründern der Deutschen Eishockey Liga. Ab 1996 war er deren Geschäftsführer und brachte Eishockey in seiner Amtszeit ins Pay-TV, dazu öffnete er die Liga im Zuge des Bosman-Urteils für europäische Spieler. Schäfer starb 2010 im Alter von 72 Jahren.

Das klingt alles recht lapidar, aber Schäfer war eine der prägendsten und auch umstrittensten Personen im deutschen Eishockey. Mit der Gründung der DEL und der Umwandlung der Profiabteilungen in GmbHs machte er sich nicht nur Freunde. Nicht wenige Menschen hielten es für völlig undenkbar, dass man Fan einer GmbH sein könne. Außerdem waren die Profis damit nicht mehr im Deutschen Eishockey-Bund (DEB) und somit international isoliert, man befürchtete, sie würden nun nicht mehr für die Nationalmannschaft spielen können.

Und was war mit den Schiedsrichtern? Die kamen vom DEB, dieser drohte damit, die DEL zur »wilden Liga« zu erklären und keine Unparteiischen mehr abzustellen. Viele Konflikte mussten gelöst werden, die von Bernd Schäfer II ausgelöst wurden. Und dann noch das Bosman-Urteil! In der alten Bundesliga durften jahrelang nur zwei Ausländer pro Team spielen, das waren dann immer Legenden. Berry und Thornbury in Köln, Lee und Valentine in Düsseldorf, Silk und Messier in Mannheim – diese Namen sind an den alten Standorten bis heute gegenwärtig.

Dann kam ein dritter Ausländer hinzu, und man sprach schon von einem Nachteil für die Nationalmannschaft. Nach der Gründung der DEL kam das Bosman-Urteil, plötzlich waren alle EU-Ausländer spielberechtigt, weil sie dieselben Arbeitnehmerrechte genossen wie Deutsche. Freizügigkeit eben.

Das schlug im Eishockey besonders ein, denn Schweden oder Finnen waren besser ausgebildet als die deutschen Spieler, billiger waren sie auch noch. Plötzlich wurden die Karten überall neu gemischt, manche Klubs änderten zunächst nichts, andere wie Mannheim oder die Berliner Eisbären bauten ihre Teams radikal um. Da spielten plötzlich Kanadier mit italienischen Pässen, in Berlin gab es sogar einen kanadischen Griechen. Die deutschen Spieler mussten in die zweite Liga abwandern, darunter litt die Nationalmannschaft sehr.

Später legte man fest, dass jedes Team mindestens fünf Deutsche lizenzieren musste. Gerade waren es noch nur drei Ausländer gewesen, nun fünf Deutsche. Diese mussten nicht einmal Spieler sein, die Eisbären lizenzierten ihren Materialwart und ihren Busfahrer, um den Unsinn der Regelung zu demonstrieren. Nachdem die Nationalmannschaft in die B-Gruppe abgestiegen war und man gar kein Team mehr zusammenstellen konnte, das komplett in der obersten Liga spielte, führte man eine freiwillige Ausländerbeschränkung ein.

Dieses System hält bis heute, das ist erstaunlich, wenn man die Zerstrittenheit der Klubs und der Liga mit dem DEB bedenkt. Selbstverständlich genießen EU-Spieler noch immer Freizügigkeit, doch die DEL-Klubs haben in einem Gentlemen's Agreement festgelegt, dass nur eine bestimmte Anzahl von ihnen einen Job bekommt. Und daran halten sich bis heute alle! Natürlich umgehen sie ihre eigene Regelung, indem sie ausländische Spieler einbürgern, damit sie aus dem Ausländer-Kontingent fallen.

So gibt es auch heute DEL-Teams, in denen weniger als fünf Spieler im Kader stehen, die für die Nationalmannschaft spielberechtigt sind. Die DEL war in mehrfacher Hinsicht eine Revolution, und Bernd Schäfer III war der Revolutionsführer. Die Kölner Haie hatten maßgeblichen Einfluss auf die Entwicklung im deutschen Eishockey.

GRUND 48

Weil es in der Nationalmannschaft schon immer einen »Kölner Block« gab

In den 80ern spielte die Eishockey-Nationalmannschaft bei Weltmeisterschaften eine gute Rolle. Es gab noch die Sowjetunion und die Tschechoslowakei, nach dem Ende des Kalten Kriegs gingen aus diesen beiden Staaten viele einzelne Länder hervor, die den Deutschen das Leben schwer machen sollten: Lettland, die Slowakei, Kasachstan, Weißrussland, etc.

Leistungsträger waren in der DEB-Auswahl auch damals schon die Spieler der Haie. Der erste deutsche Block bestand aus Kapitän Udo Kießling und dem Top-Sturm Gerd Truntschka / Dieter Hegen / Helmut Steiger. Lediglich der Düsseldorfer Andreas Niederberger stieß noch dazu.

Später waren Thomas Brandl und Gori Köpf Teil des Kölner Blocks, heute sind es Spieler wie Christian Ehrhoff, Moritz Müller, Philip Gogulla. Meistens stellten die Haie in den vergangenen Jahrzehnten die meisten Nationalspieler pro Verein. Sie holten junge Talente und machten sie zu Stars, das war schon immer das Erfolgsrezept. Bei der WM 2017 waren die meisten deutschen NHL-Stars ebenfalls durch die Kölner Schule gegangen: Torhüter Thomas Greiß, Shooting-Star Frederik Tiffels und der kommende Superstar Leon Draisaitl spielten einst in der Kölnarena 2 für die Junghaie.

Viele Nationalspieler abzustellen ist Fluch und Ehre zugleich. Einerseits ist es toll, international so stark vertreten zu sein und sich damit auch einen Namen zu machen. Andererseits sind die Schlüsselspieler dadurch stark belastet. Während andere Teams während der Länderspielpausen regenerieren und dann mit vollem Kader trainieren können, sind die Nationalspieler auf hohem Niveau im Einsatz und Verletzungsrisiken ausgesetzt.

Der Rest des Teams kann in der Phase nicht komplett trainieren, und die Auswahlspieler stoßen erst in letzter Minute wieder dazu. Die Haie haben nach Länderspielpausen oft einen holprigen Start zurück in die Liga hingelegt, auch weil sie immer ein großes Kontingent an Nationalspielern abstellen mussten/durften.

GRUND 49

Weil sie geschliffen werden

Die Geschichte der Kölner Haie ist voller harter Trainer. Die Übungsleiter unterscheidet man in »Schleifer« und »Streichler«. Die Haie hatten Streichler wie Doug Mason, Clayton Beddoes, Bob Leslie, Bob Murdoch, aber am erfolgreichsten waren die Schleifer. Joschi Golonka, Wladimir Wassiljew, Hardy Nilsson, Hans Zach sorgten für reichlich Schweiß im Training. Heute übernimmt das ein spezieller Athletiktrainer, der sich ganzjährig um die Spieler kümmert.

Jedes DEL-Team hat die Ambition, das fitteste der Liga zu sein. Jeder will am Ende der Saison mehr »Körner« haben als der Gegner, um den entscheidenden Vorteil in einer ausgeglichenen Liga auf seine Seite zu bekommen. Die Kölner Haie arbeiten schon seit Jahren mit Athletik-Trainern, nun haben sie einen neuen Coach für diesen Bereich gefunden. Arne Greskowiak, ehemaliger Handballer und Sportsoldat, soll bei den Haien für mehr Beweglichkeit, Stabilität, Schnelligkeit, Kraft und Ausdauer sorgen. Leistung und Effizienz der Spieler sollen verbessert werden. »Arne Greskowiak hat bereits für unser DNL-Team gearbeitet und dort einen sehr guten Job abgeliefert«, sagte der ehemalige Haie-Trainer Sundblad, als er Greskowiak verpflichtete. »Er ist sehr fleißig, arbeitet intensiv mit der Mannschaft und bringt gute Stimmung in die Kabine.«

Vor allem in der Sommerpause ist Fitnesstraining gefragt. Den ganzen Sommer über haben die Spieler möglichst effektiv an ihrer Fitness gearbeitet, alles geschieht in enger Zusammenarbeit mit Athletik-Trainer Arne Greskowiak, der auch während der Saisonspiele fester Teil des Kölner Trainerstabs ist. Er soll dafür sorgen, dass die Spieler topfit in die Saison gehen und den Höhepunkt ihrer körperlichen Leistungsfähigkeit möglichst zu den Play-offs erreichen. Mit individuellen Plänen wurden die Importspieler in ihre Heimatländer geschickt, die Kölner Trainingsgruppe hingegen ist das ganze Jahr unter der Obhut Greskowiaks. »Wir nutzen dann die Zeit, um die Fitness jedes einzelnen Spielers wieder aufzubauen«, erklärt er. »Nach der Saison haben die Spieler zwei Wochen komplett Pause, um wieder gesund zu werden und zu regenerieren. Sie sollten wieder Lust bekommen, sich zu quälen und neu Gas zu geben. Später schaffen wir den Transfer vom Ausdauertraining zum Eistraining.«

Viele Spieler sind in ihren Heimatländern aktiv, darin besteht für den Athletik-Coach aber kein Problem. »Das geht heutzutage gut«, erklärt Greskowiak. »Mit Skype oder Face Time kann man mit allen Spielern unkompliziert kommunizieren, man muss nur die Zeitverschiebung beachten. Ich habe auch immer Kontakt zu den Neuzugängen, sie sind in der Regel seit vielen Jahren Profis und wissen genau, was sie brauchen. Sie haben ihren eigenen Trainingsplan, mit dem sie gute Erfahrungen gemacht haben. Wir unterstützen sie dabei.«

Im Frühjahr trainiert manchmal auch Jungstar Leon Draisaitl mit den Haien, Arne Greskowiak konnte sich dadurch ausführlich mit dem Athletik-Coach der Edmonton Oilers unterhalten. »Das war sehr interessant«, blickt er zurück. »In der NHL gibt es da noch ganz andere Voraussetzungen, auch wenn die Spieler dort ebenfalls nur mit Wasser kochen. Aber einer wie Leon Draisaitl hat perfekte physische Voraussetzungen, um es weit zu bringen, er steht sicherlich auch körperlich über dem Niveau eines durchschnittlichen DEL-Spielers.« Als Fachmann verfolgt Greskowiak auch die aktuelle Diskussion im Fußball, dass die Gefahr der physischen Überbelastung bestehe. »Die Eishockeyspieler kennen eine starke Trainingsbelastung schon seit ihrer Jugend, mehr als vielleicht die Fußballer«, sagt er. »Dafür haben die Fußballer mehr Druck, nach Verletzungen schnell wieder fit zu werden. Wenn man Sportlern keine Zeit zum Regenerieren gibt, besteht natürlich die Gefahr der Verletzung und des Verlustes der Leistung.«

Greskowiak hat ein eigenes Leistungszentrum für Athletik- und Personal Training und doziert an der Deutschen Sporthochschule in Köln.

KAPITEL 4

DIE TYPEN

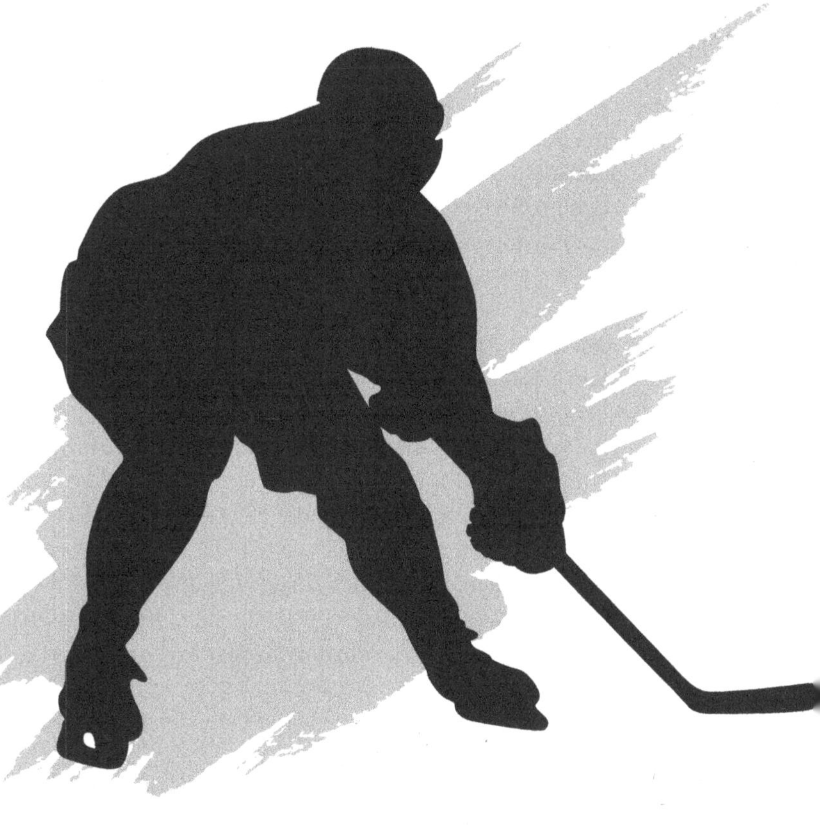

GRUND 50

Weil Detlef Langemann Tacheles redet

Die Kölner Haie sind das Ergebnis einer kleinen Revolte. Die Wurzeln des Kölner Eishockeys reichen bis ins Jahr 1936, als der Kölner Eis-Klub (KEK) gegründet wurde. Er umfasste alle Eissportarten, die Eishockey-Abteilung konnte sich dabei nie so richtig durchsetzen, 1972 beschlossen die Puckjäger, sich vom KEK zu trennen, und gründeten den »Kölner Eishockey-Club ›Die Haie‹ e.V.«. Maßgeblich beteiligt waren Günter Peters, Dieter Horky und Detlef Langemann.

Letzterer wurde 1977 erster Kölner Meisterkapitän und ist bis heute im Hintergrund präsent. Langemann äußert stets offen und klar seine Meinung zum Geschehen, auch wenn sie mal nicht im Einklang mit der aktuellen Klubleitung ist. »Sein Wort hat Gewicht, er ist kritisch, man kann sich an ihm reiben, doch man merkt immer: es geht ihm um den KEC[3] «, sagte der frühere Geschäftsführer Thomas Eichin über den Meister von 1977 und 1979.

Aber gerade deswegen wurde der KEC 1972 schließlich gegründet, weil Spieler wie Detlef Langemann Tacheles redeten und auch mal aneckten. Solche Persönlichkeiten machen einen Klub liebenswert, echte Typen werden immer seltener. Zu viel geht man heute den Weg des geringsten Widerstandes, statt wie die Herren Peters, Horky und Langemann aufzustehen und anzupacken. Nach der Abspaltung vom KEK ging es mit dem Kölner Eishockey steil bergauf, nur fünf Jahre später feierten die Haie ihre erste Meisterschaft. »Ohne Detlef Langemann hätte es die Geburtsstunde der Kölner Haie womöglich nie gegeben«, sagt Vereinspräsident Rainer Mädge.

»Er ist eine lebende Legende für das Kölner Eishockey«, sagt Uwe Krupp. »Er hat eine ganze Generation an Spielern und Trainern bei den Kölner Haien geprägt[4].« Unter dem Dach der Kölner

Arena hängt ein Banner mit Langemanns Rückennummer 14, die nicht mehr vergeben wird. Langemann spielte 15 Jahre lang für den KEK und den KEC. Zehn Jahre lang war er dazu Nachwuchstrainer, holte 1983 den dritten Platz bei den deutschen Juniorenmeisterschaften.

GRUND 51

Weil es bei ihnen müllert

Auch Moritz Müller redet schon mal Tacheles: Der heutige Haie-Kapitän trägt den in Deutschland wohl häufigsten Nachnahmen und setzt damit eine inoffizielle KEC-Tradition fort, denn in den vergangenen 20 Jahren gab es immer einen Müller bei den Haien, es waren bis zu vier Müllers gleichzeitig. Am längsten war Marc »Magic« Müller dabei, der jahrelang als Teambetreuer fungierte. Immer im Einsatz und bereit, seine Spieler notfalls mit körperlichem Einsatz zu verteidigen. So stellte er sich einmal dem Kanadier John Chabot in den Weg, als der sich in die Kölner Kabine zu Haie-Spieler Christoph Paepke begeben wollte.

Die beiden Spieler hatten sich gerade zuvor eine wüste Prügelei auf dem Eis geliefert und waren vom Schiedsrichter vorzeitig zum Duschen geschickt worden. »Magic« verbaute Chabot den Weg und wies ihn an, die Kabine zu verlassen. Doch Chabot lächelte, er wollte den jungen deutschen Kollegen nur zum sauberen Fight beglückwünschen. Magic erhielt seinen Spitznamen, weil er immer wie durch Zauber alles möglich machte. Er kümmerte sich energisch um jede Kleinigkeit. Zum Beispiel beim Spengler Cup 2002 in Davos, als er einem schweizerischen Mitarbeiter klarmachte, dass eine bestimmte Tür zu einer bestimmten Zeit unverschlossen zu sein habe.

»Wenn Sie noch Fragen haben, kommen Sie zu mir, mein Name ist Müller.« Der Schweizer lächelte nur und sagte verschmitzt: »Ich habe schon von Ihnen gehört.« Magic Müller hielt sich darauf den mächtigen Bauch vor Lachen. Weniger Grund zum Lachen gab sein Abgang, im Frühjahr 2016 wurde Müller bei den Haien entlassen, über die Einzelheiten herrscht Stillschweigen, man sah sich vor Gericht wieder. So oder so war Magic Müller über viele Jahre hinweg einer dieser Typen, die die Haie liebenswert machten.

Der nächste Müller hieß Marcel mit Vornamen, ist ein Ur-Berliner und kam 2007 mit knapp 20 Jahren zu den Haien. »Er wird irgendwann die Liga dominieren«, sagte Trainer Doug Mason damals über »Malla«. Und er entwickelte sich prächtig, in der Saison 09/10 schoss er 24 Tore, spielte eine tolle Saison und ging nach Nordamerika, um in der NHL Karriere zu machen. Doch zu mehr als drei Spielen in der besten Liga der Welt reichte es nicht, er kam 2013 zurück zu den Haien, knüpfte aber nie wieder an seine alten Leistungen an.

Ein Jahr später strichen ihn die Haie aus dem Kader, er ging nach Krefeld und spielte plötzlich wieder sehr stark. Die Hamburg Freezers holten ihn von dort weg, und im Norden zeigte er wieder sein anderes Gesicht, war eine Enttäuschung. Nun ist er wieder in Krefeld, anscheinend hat er nie so richtig eine sportliche Heimat gefunden. Marcel Müller rangiert bei den Haien unter der Rubrik »Das hätte ein ganz Großer werden können«.

Ein ganz großer Kandidat für die Rubrik »Trikot unters Hallendach« ist Moritz Müller. Vorausgesetzt, dass er noch lange in Köln spielen wird (und er machte bisher nicht den Eindruck, wechseln zu wollen). Moritz Müller spielt seit der Jugend in Köln, hat sich mit harter Arbeit vor allem im Fitnessbereich zum Nationalspieler hochgearbeitet und ist derzeit noch der einzige Müller bei den Haien. Kaum ein anderer Spieler versteht so wie »Mo« die wichtige Rolle der Öffentlichkeitsarbeit, er ist für die Medien seit Jahren ein eloquenter Ansprechpartner und verweigert nie ein Interview. Na gut, vielleicht mal nach besonders schmerzhaften Niederlagen.

»Wir brauchen die Medien, und die Medien brauchen uns«, brachte er es einmal auf den Punkt. Moritz Müller liegt auch seine Sportart generell am Herzen und macht aus demselben keine Mördergrube, wenn es um das deutsche Eishockey geht. So bezeichnete er die Mannschaft der Iserlohn Roosters einmal wegen ihrer vielen eingedeutschten Spieler als »kanadische 1c Truppe« und machte sich damit im Sauerland keine Freunde. Doch gerade vielen anderen Nationalspielern sprach er damit aus der Seele.

Und dann darf natürlich der letzte Müller nicht fehlen, zumal seine Geschichte noch heute jedem Eishockeyfan ans Herz geht: Robert Müller, der an einem Gehirntumor starb und von dem in diesem Buch an anderer Stelle noch die Rede sein wird. Noch ein anderer Spieler starb übrigens, während er zu den Kölner Haien gehörte. Ralph Philipp galt als kommender Star im deutschen Eishockey, spielte mit seinem Onkel Rainer Philipp für den KEC. Am 30. Juni 1985 starb er 19-jährig an den Folgen eines schweren Autounfalls. Die Rückennummern von Robert Müller (80) und Ralph Philipp (8) werden nie wieder an andere Spieler vergeben.

GRUND 52

Weil Schnäuz mit Böllern warf

Einer der urigsten Typen, die je bei den Haien arbeiteten, war Lothar Zimmer, genannt »Schnäuz«. Schnäuz war 32 Jahre (1979–2011) lang Betreuer und Materialwart bei den Haien, er stand bei sage und schreibe 2.218 Spielen hinter der Bande und verpasste kein einziges. Er schliff viele tausend Schlittschuhe, schleppte Kisten, wusch Trikots und arbeitete Tag und Nacht. Die Mannschaftsbetreuer sind die Seele jedes Eishockeyklubs. Spieler kommen und gehen, Manager kommen und gehen, Trainer sowieso (wenn auch selten freiwillig).

Aber die Betreuer sind immer da. Wenn die Mannschaft an einem Freitagabend irgendwo in Süddeutschland spielt und dann am Tag danach ihre Kabine in Köln betritt, ist das ganze Material schon vor Ort. Alles hängt sauber und geordnet am Platz des Spielers. Denn die Betreuer sind nach dem Spiel mit den riesigen Eishockeytaschen nach Hause gefahren und haben in der Nacht alles gewaschen, getrocknet und geordnet. Schnäuz wurde nicht nur wegen seiner langen Tätigkeit zur Kultfigur bei den Haien, sondern auch wegen seines urigen Humors. So erzählte er bei seinem Abschied, dass die Haie einmal einen Spieler im Team hatten, der sehr viel Zeit auf der Kabinentoilette verbrachte.

Das kam nicht gut an, und Schnäuz trieb ihm diese Marotte kurzerhand aus. Als jener Spieler wieder einmal mit einer ausgiebigen Sitzung beschäftigt war, warf Schnäuz ihm einfach einen China-Böller unter der Tür durch. Der Krach soll sehr eindrucksvoll gewesen sein, mit dem Spieler gab es fortan keine Probleme mehr.

In jeder Mannschaft gibt es immer wieder Spieler, die wegen ihres unkollegialen Verhaltens nicht sehr beliebt sind. Einem solchen Exemplar rieb Schnäuz einst den Unterleibsschutz mit Hämorrhoiden-Salbe ein. Der Spieler kleidete sich an und ging aufs Eis. »Er lief dann etwas unrund«, erinnerte sich Schnäuz. »Dann rannte er plötzlich in die Kabine zurück. Dem haben die Eier dermaßen gebrannt, dass er dachte, es sei Ostern.«

Schnäuz erlebte in seiner Zeit beim KEC 20 Cheftrainer, mehr als 350 Spieler, legte über eine Million Kilometer in Diensten der Haie zurück. Sein Interesse galt aber nicht nur dem Eishockey, der Mann mit dem festen Händedruck kannte sich auch sehr gut mit Boxen und Kraftsport aus. Und er ist ein Rock 'n' Roller. Dem Autor dieses Buches erzählte er einmal mit leuchtenden Augen, dass er Jimi Hendrix live habe spielen sehen, in Hamburg, in den späten Sechzigern. Was ist im Vergleich dazu schon eine internationale Eishockeykarriere?

Lothar Zimmer ist seit 2011 Ehrenmitglied der Traditionsmannschaft der Kölner Haie und auch heute noch in der Kölner Arena präsent. Lothar »Schnäuz« Zimmer ist ein besonders uriges Beispiel und hat die Haie auch ein wenig liebenswerter gemacht. Doch auch die aktuellen Kölner Betreuer und Materialwarte Helmut Rütten, Sascha Engel und Franz Scholz liefern Tag für Tag wertvolle Arbeit ab, die von der Öffentlichkeit kaum wahrgenommen wird. Diese guten Seelen gibt es bei jedem Eishockeyklub, und ohne sie wäre der Spielbetrieb gar nicht möglich. Man stelle sich vor, die Spieler müssten ihre gesamte Ausrüstung selbst pflegen.

Vor jedem Spiel selbst die Schlittschuhe schleifen, die Handschuhe trocknen, die Ausrüstung sortieren und an den Kabinenplatz bringen. Nach einem Spiel das Trikot und die Unterwäsche waschen und trocknen, damit sie am nächsten Tag wieder benutzt werden können. Das wäre im professionellen Betrieb völlig unmöglich, ohne die Betreuer geht gar nichts. Sie sind die nicht besungenen Helden des Sports, sozusagen die Bassisten unter den Sportlern. Ohne sie geht nichts, jeder braucht sie, aber niemand nimmt sie wahr.

GRUND 53

Weil nicht nur Thomas Eichin Rückgrat hatte

Über mehr als ein Jahrzehnt führte Thomas Eichin die Geschäfte der Kölner Haie. Der ehemalige Profifußballer sammelte in dieser Zeit Erfahrungen, die ihn für einen Klub wie Werder Bremen interessant machten. Denn Eichin erlebte nicht nur gute Zeiten wie den Gewinn der Meisterschaft 2002, er musste sich vor allem in Krisenzeiten bewähren. Nach dem Gewinn der Vizemeisterschaft 2008 stürzten die Haie auf den vorletzten Tabellenplatz ab, verloren fast 3.000 Zuschauer im Schnitt und ihren Hauptgesellschafter Heinz-

Hermann Göttsch, der bis dahin jedes Defizit mit eigenem Geld wieder ausgeglichen hatte.

Eine derart ungünstige Konstellation kann ein Eishockeyklub eigentlich nicht überleben, zumal die Stadt Köln den Haien stets die kalte Schulter zeigte. Thomas Eichin musste damals den Kopf für die Misere des KEC hinhalten, wurde von Fans beschimpft und mit Bierbechern beworfen. Es gab Zeiten, in denen er nicht unbehelligt über den Parkplatz des Haie-Zentrums gehen konnte. Der Klub stand vor der Insolvenz, und Eichin war kurz davor, zum Amtsgericht zu gehen. Obwohl er Gefahr lief, sich irgendwann strafbar zu machen und mit seinem Privatvermögen zu haften, hielt er durch und traf sich mit jedem selbsternannten »Retter«, von denen sich viele als Scharlatane herausstellten.

Als dann der heutige Geschäftsführer Peter Schönberger anrief, seufzte Eichin: »Okay, mit dem einen rede ich noch.« Schönberger und seine Koblenzer Freunde um den Investor Frank Gotthardt retteten die Haie. Die Fast-Pleiten ziehen sich wie ein roter Faden durch die Haie-Geschichte, Anfang der Neunziger sah es auch schon einmal sehr düster aus. Doch durch viel Arbeit und immer neue Finanziers schafften es die Haie bisher immer, am Leben zu bleiben.

Andere Klubs verschwanden von der Bildfläche. Selbst die DEG musste mal in der 2. Liga neu durchstarten. Die Haie hingegen blieben oben, weil sie Menschen mit Rückgrat und Durchhaltevermögen wie Thomas Eichin hatten.

GRUND 54

Weil Wladimir Wassiljew ein gnadenloser Schleifer war

Als die Haie 1995 Meister wurden, stand Bob Murdoch als Coach hinter der Bande. Doch es war kein Geheimnis, dass sein Vorgänger der Vater des Erfolges war. Wladimir Wassiljew kam aus Russland zu den Haien und übernahm sie, als der Klub fast pleitegegangen war und Stars wie Kießling, Köpf, Berry und Thornbury verloren hatte. Sie wurden durch Billigimporte wie Ravil Khaidarov oder Igor Dorochin ersetzt. Das spielerische Potenzial der Mannschaft war schlechter geworden und im internationalen Vergleich ohnehin zweitklassig, im Vergleich mit den Supermächten wie Russland. Folglich setzte man auf die Faktoren Kraft und Disziplin.

Da kam ein Schleifer aus der Sowjetunion gerade richtig. Wassiljew führte rustikale, ungewöhnliche Methoden ein. Er verbot den Spielern, während des Trainings zu trinken, und ordnete Barfußläufe an. Jeder Fitnesstrainer würde heute entsetzt den Kopf schütteln. Wer nicht trinkt, der dehydriert.

Und an die Füße gehören maßgeschneiderte Laufschuhe prominenter Hersteller! Das Nicht-Trinken sollte die Willensstärke der Spieler fördern. Angeblich mussten Spieler hin und wieder mal Kollegen in voller Montur auf den Schultern durch die Halle tragen.

Im Jahr zuvor hatte Wassiljew mit seiner Billigtruppe sensationell die Vizemeisterschaft geholt, gleich danach begann das Sommertraining, es wurden gnadenlos die Basics trainiert. Laufen, Passen, Schießen. Gespielt wurde im Training nicht, das sollte die Freude auf die Ligapartien steigern. Wassiljew legte damit die Grundlage für die Meisterschaft 1995, doch hinter der Bande stand Murdoch, denn die Spieler hatten in der zweiten Saison unter dem Russen den Spaß am Spiel verloren. Die Ergebnisse wurden immer schlechter, der Klub zog die Reißleine und holte einen Kanadier.

Murdoch soll angeblich zu den Spielern gesagt haben, sie sollten von nun an so spielen, wie sie wollten. Damit gab er ihnen den Spaß an dem zurück, was sie am meisten liebten – Eishockey spielen! Die enorme Fitness gepaart mit Spaß an der Freude ergab eine Mischung, der in den Play-offs kein Gegner gewachsen war.

Es ist fraglich, ob man auf diese Weise heute noch Erfolg haben könnte. In den Neunzigern gab es in Deutschland noch Spieler (vor allem aus Kanada), die im Sommer relativ unfit zum Saisonstart eintrafen und sich dann über den Winter in Form brachten. Es gab kaum ein organisiertes Sommertraining. Heute würde man solche Spieler direkt wieder nach Haus schicken. Jeder Spieler hat im Sommer einen auf ihn zugeschnittenen Trainingsplan, den er konsequent einhalten muss. Und jedes Team arbeitet akribisch daran, am Ende der Saison ein wenig fitter als die Konkurrenz zu sein.

Am 8. August 2012 starb Wladimir Wassiljew, in Köln ist er noch immer in bester Erinnerung. »Mein Herz wird für immer in Köln bleiben«, sagte er bei seinem Abschied.

GRUND 55

Weil Mirko Lüdemann schuld war

Mirko Lüdemann hat eine beispiellose Eishockeykarriere hinter sich. Im Frühjahr 2016, nach 1.197 Profi-Partien für die Kölner Haie (plus diverser Einsätze in Testspielen) hängte der 1973 in Weißwasser geborene Verteidiger die Schlittschuhe an den Nagel und wurde Mitarbeiter auf der Geschäftsstelle der Haie, er ist dort für die Bereiche Marketing und Nachwuchs zuständig. Köln bleibt folglich Lüdemanns Lebensmittelpunkt, auch wenn der Kontakt nach Sachsen nie abriss. »Ich bin ein- bis zweimal pro Jahr dort, besuche meine Eltern und Freunde. Ich halte den Kontakt aufrecht.«

Denn auch nach fast einem Vierteljahrhundert am Rhein weiß Lüdemann, wo seine Wurzeln liegen. »Ich bin geborener Weißwasseraner, und Weißwasser wird immer meine Heimat sein«, bestätigt er. Und doch hat »Lüde« Köln nie verlassen. Er hätte seine Karriere im Alter von 42 Jahren nach seiner Zeit bei den Haien leistungsmäßig durchaus noch mit einer Saison in einer unteren Liga ausklingen lassen können, doch diesbezügliche Pläne wurden nie umgesetzt, so blieb es dabei, dass er nie für einen anderen Verein als die Kölner Haie spielte. »Weißwasser ist einmal an mich herangetreten, es war aber noch nichts Konkretes«, sagte Lüdemann. »Und dann habe ich gleich bei den Haien einen neuen Job gefunden.«

Nach seinem Abschied stand Lüdemann als Rekordspieler der Deutschen Eishockey Liga natürlich überall im Fokus, wurde von Fans und Medien gefeiert. Rummel um seine Person war Lüdemann stets unangenehm, seine kurzen Statements sind legendär. Die erhöhte Aufmerksamkeit »ertrug« er mit einem Augenzwinkern. »Den Trubel werde ich schon überstehen«, grinste er. »Ich habe damit gerechnet, dass mein Abschied ein paar Wellen schlagen würde.«

23 Jahre lang war Lüdemann Profi bei den Haien, nie wechselte er den Klub. Mehr Identifikation gibt es nicht, vor allem nicht in einer Sportart, in der sich Spieler bei den Klubs regelmäßig die Klinke in die Hand geben. Der Rekordspieler hatte aber auch dafür Verständnis. »Es ist immer schwierig, so eine lange Zeit bei einem Verein zu bleiben«, erklärte er. »Jeder Spieler hat Bedürfnisse und muss schauen, ob er die bei seinem Verein umsetzen kann. Man muss halt immer sehen, wo man glücklich werden kann. Und wenn man unzufrieden ist, sollte man wechseln.«

In den vielen Jahren in Köln war auch ein Mirko Lüdemann gelegentlich nicht ganz zufrieden, gewechselt hat er allerdings nie. »Es gab auch in meiner Karriere sicher Momente der Unzufriedenheit«, gab er zu. »Aber das bezog sich dann auf die sportliche Situation, das Umfeld hingegen war in Köln immer intakt.«

Nun belegt er einen Bürojob, ist mit Mitte 40 Berufsanfänger. Den finalen Schritt bereute er auf keinen Fall. Irgendwann musste er gemacht werden. »Ich glaube, der Zeitpunkt war richtig«, erklärte Lüdemann. »Niemand will irgendwann zu einer tragischen Figur werden, zu einem alten Spieler, von dem die Leute sagen, dass er es nicht mehr schafft. Als ich aufhörte, sagten alle, dass ich noch gut mithalten konnte, daher denke ich, dass der Zeitpunkt richtig ist. Man muss auch schauen, wie man über die Jahre hinweg die Belastungen verträgt, die langen Auswärtsfahrten, wie lange man braucht, um zu regenerieren.«

Lüde war nicht nur wegen seiner Vereinstreue eine Kultfigur in Köln, sondern auch wegen seiner knorrigen Art. Über viele Jahre hinweg hielt er Interviews für reine Zeitverschwendung und beantwortete Fragen denkbar kurz. Legendär war auch sein TV-Interview nach dem Halbfinale 2002, nachdem die Haie gerade in einem dramatischen Halbfinale gegen München im Penaltyschießen gewonnen hatten. Vom völlig aufgelösten Reporter nach seinen Empfindungen gefragt, antwortete Lüdemann: »War jut.« Der fassungslose Journalist setzte nach: »Sie sind gerade sensationell ins Finale eingezogen, zeigen Sie doch mal ihre Emotionen!« Lüdemann überlegte kurz und antwortete: »War sehr jut!«

Auf dem Eis war Mirko Lüdemann wegen seiner läuferischen Fähigkeiten bekannt. Er konnte mit jedem Stürmer mithalten, musste selten zu Fouls greifen. Durch seine sachliche Art war er sogar bei Schiedsrichtern beliebt, weil er bei Strafzeiten gegen sein Team nie diskutierte (es wurde noch nie eine Strafe aufgrund von »Argumenten« wieder zurückgenommen), sondern sich lediglich erkundigte, wie nun weitergespielt werde. Hans Zach fand, Lüdemann hätte mehr aus sich machen und NHL spielen müssen. Das Potenzial hatte Lüdemann bestimmt.

Er beendete auch seine Länderspielkarriere viel zu früh, schon 2004 stieg er aus dem Nationaltrikot aus. »Das war vielleicht zu früh«, räumte er ein, »aber auf der anderen Seite konnte ich dadurch länger in der Liga spielen, weil ich mehr Zeit zum Regenerieren nach jeder Saison hatte.« Trotzdem wurde er auch international zur Legende, es geschah am 13.02.2000, als Deutschland in Ljubljana wieder einmal in einem Qualifikationsturnier für Olympische Winterspiele stand (2002 in Salt Lake City) und gegen Italien gewinnen musste. Es stand zehn Sekunden vor Schluss 1:1, und Deutschland war praktisch draußen. Dann zog Lüdemann von der blauen Linie ab und traf. Acht Sekunden standen noch auf der Uhr. Der Jubel war riesig, und Lüdemann war »schuld«. Die Fans sangen noch jahrelang »Lüdemann ist schuld«, vor allem bei Spielen gegen Mannheim. Die Kurpfälzer hatten nämlich noch bis 2003 den Italokanadier Mike Rosati im Tor, und der konnte damals in Ljubljana acht Sekunden vor Schluss den einen Puck nicht festhalten …

GRUND 56

Weil Hans Zach diesen stechenden Blick hatte

Man schrieb das Jahr 2002, die Haie spielten eine sehr durchwachsene Saison. Trainer Lance Nethery hatte bei den Fans keinen Kredit mehr, zumal er sich öffentlich mit Torhüterlegende Peppi Heiß angelegt hatte. Nethery wurde entlassen, sein Assistent Rich Chernomaz übernahm bis Saisonende, und die Haie suchten einen neuen Trainer, mit dem sie ein neues Team aufbauen wollten. 15 Spielern wurde mitgeteilt, dass sie sich einen neuen Verein suchen müssten, auch für Chernomaz gab es keine Zukunft. Tja, und dann wurde Chernomaz mit all den gefeuerten Spielern deutscher Meister. Aber zu diesem Zeitpunkt hatten die Haie bereits zugeschlagen und Hans Zach verpflichtet.

Der frühere Düsseldorfer Meistertrainer, der »Alpenvulkan«, sollte in der Domstadt das Zepter führen. Zach war dafür bekannt, aus seinen Teams alles herauszuholen, an jedem Spieltag sollte das

Eis brennen und die Zuschauer in die Arena locken. Hans Zach polarisierte, für die einen war er der beste Trainer überhaupt, für die anderen ein besessener Disziplinfanatiker, dem man lieber aus dem Weg ging.

Für Hans Zach war jedes Detail wichtig, wer seinen Weg nicht unterstützte, musste mit Widerstand rechnen. Das mussten selbst seine Vorgesetzten erfahren, so verließ Holger Rathke, zu jener Zeit einer der beiden Geschäftsführer der KEC, nach einer Saison mit Zach entnervt den Verein. Zach sortierte auch Spieler aus, die seinen Weg nicht gehen wollten. Auf große Namen nahm er dabei keine Rücksicht. Bei den Medien war Zach gefürchtet, denn wenn ihm etwa eine Frage eines Journalisten nicht gefiel, warf er ihm einen stechenden Blick zu und machte aus seiner Abneigung keinen Hehl.

Bei Schiedsrichtern war Zach auch nicht immer beliebt, oft drehte er den Unparteiischen den Rücken zu und machte eine abwertende Handbewegung, wenn sie ihm ihre Entscheidungen erklären wollten. Und wenn er mal jemanden auf dem Kieker hatte, musste derjenige eine Menge ertragen. Zum Beispiel Philip Gogulla, den Zach als junges Talent zu den Haien holte, der ihn aber wegen seiner persönlichen Art und seiner nicht immer defensiv ausgerichteten Spielweise enttäuschte. Selbst Jahre nach Zachs Abschied aus Köln kritisierte er Gogulla, wann immer er als Co-Kommentator ein Spiel der Haie verfolgte.

Doch nun zur anderen Seite des Hans Zach. Seine Mannschaften spielten stets sehr gut organisiert und erfolgreich, weil jeder Spieler eine Rolle zu erfüllen hatte. Zachs Mannschaften waren immer sehr schwer zu schlagen, sie spielten geduldig und machten kaum Fehler. Er setzte junge Spieler konsequent ein, während fast alle anderen Trainer nur an die Gegenwart dachten und auf Erfahrung setzten. Zach hatte immer die Zukunft des deutschen Eishockeys im Sinn, davon profitierte eine ganze Spielergeneration.

Was die Medien anging – Zach hasste es, wenn man ihm mit den Fragen die Antwort praktisch schon in den Mund legte. Er ließ sich nicht gerne manipulieren, wenn ihm eine Frage zu zielgerichtet war, holte er den stechenden Blick raus. Man konnte mit Hans Zach prima Interviews führen, wenn man ihn erst einmal ganz neutral um sein Statement bat und ihn erzählen ließ. Danach konnte man auch mal nachhaken. Und ein Hans Zach war auch eine Minute nach einem verlorenen fünften Finale bereit, eine sachliche Analyse abzugeben und Fragen zu beantworten. Andere Trainer verkrochen sich in solchen Situationen wutschnaubend in ihrer Kabine.

Man kann zu Hans Zach rückblickend stehen, wie man will – er war eine schillernde Figur, die den Eishockeysport vorangebracht hat. Er polarisierte, weil er seinen Stil konsequent durchzog und aus Abneigungen keinen Hehl machte. Solche Typen bringen eine Sache mehr voran als Diplomaten, die mit niemandem Ärger haben wollen und die Giraffensprache pflegen. Das ist die sogenannte »gewaltfreie Kommunikation«.

Der Alpenvulkan hatte übrigens auch eine ganz andere Seite; wenn er entspannt war, konnte er urkomische Anekdoten aus seinem Eishockeyleben erzählen. In Eisstadien entspannte Zach zugegebenermaßen eher selten.

Wie sehr Hans Zach seine Spieler im Griff hatte, erfuhr der Autor dieses Buches im Dezember 2002 am Vorabend das Spengler Cup in Davos. In einem amerikanischen Schnellrestaurant sitzend (andere Lokale waren im schweizerischen Nobelort unerschwinglich), nahm er plötzlich drei Spieler der Kölner Haie wahr, die den Burgerladen betraten. Als die drei ihre Menüs in Empfang genommen hatten und einen Tisch suchten, entdeckten sie den ihnen als Journalisten bekannten Autor und schauten ertappt aus der Wäsche. Sie setzten sich zu ihm, und der Erste fragte ein wenig ängstlich: »Das sagst du aber nicht dem Hans, oder?«

Nachdem der Autor dieses Buches den dreien versichert hatte, dass er gar kein Interesse daran habe, irgendjemanden irgendwo anzuschwärzen, waren die Spieler beruhigt. Einer erzählte, er traue sich in seinem Kölner Viertel nicht, mal an der Straße eine Currywurst zu essen, weil Zach zufällig gerade vorbeifahren könnte. Ein anderer schüttelte grimmig den Kopf. Als der Autor einwarf, sie seien doch erwachsene Menschen und wüssten selbst, welches Essen ihnen guttäte, nickte der grimmig dreinschauende Stürmer zustimmend. Er blieb dann auch nur ein Jahr in Köln, zog woandershin und feierte dort große Erfolge. Merke: Du bist, was du isst.

GRUND 57

Weil Jörg Mayr höllisch leiden musste

Sein Trikot hängt neben den anderen KEC-Legenden unter dem Dach der Arena; die Nummer 6, die er bei den Haien 13 Jahre lang trug, wird nicht mehr vergeben. Jörg Mayr war mit 177 cm Körpergröße kein Hüne unter den Verteidigern, wurde dennoch über viele Jahre hinweg eine feste defensive Größe bei den Haien und in der Nationalmannschaft. So ganz nebenbei studierte er Jura und arbeitet heute als Rechtsanwalt. Mayr stammt aus Füssen und wechselte als Jungprofi zu den Haien, wo er sich schnell etablierte.

Nachdem er zweimal mit dem KEC Vizemeister geworden war, holte er 1995 endlich seine erste Meisterschaft mit den Haien. Ein Jahr später und im Jahr 2000 scheiterte er mit dem KEC noch zweimal im Endspiel, dann gelang 2002 der zweite Titelgewinn. Doch Jörg Mayr musste von der Tribüne aus zuschauen, er hatte sich bei den Olympischen Winterspielen in Salt Lake City in einen Schuss geworfen und dabei einen schweren Kieferbruch zugezogen. »Es war in der 28. Minute«, schilderte Mayr damals dem *Spiegel*. »Wir waren in Unterzahl. Ich stand vor dem Tor. Miroslav Satan, der beste Spieler der Slowaken, bekam den Puck. Er hatte eine günstige Schussposition, deshalb bin ich auf ihn zugelaufen, wollte die Scheibe abblocken. Das habe ich in meiner Karriere bestimmt schon

200-mal gemacht, und nie ist etwas passiert. Als Satan abzog, habe ich meinen Kopf zur Seite gedreht, sodass er eigentlich nur mein Bein, den Bauch oder allenfalls die Brust treffen konnte. Ich habe nie damit gerechnet, dass er mein Gesicht erwischen würde. Ich habe direkt gemerkt, dass mir ein paar Zähne fehlten, hatte aber im ersten Moment überhaupt keine Schmerzen«, fuhr er fort.

»Als ich auf dem Boden lag, habe ich nur gedacht: Los, Jörg, zwing dich hoch. Dann floss mir das Blut aus dem Mund. Anfangs war ich mir sicher, dass ich nur ein oder zwei Tage pausieren müsste. Ein Arzt hat mich noch in der Halle notdürftig zusammengeflickt. Mit einer Zange hat er mir die Zahnreste aus dem Mund gebrochen und die Lippe mit ungefähr zehn Stichen zusammengenäht. Ich habe ihm gesagt, er solle zusehen, dass ich gegen Lettland wieder auflaufen kann. Als es dann jedoch hieß, dass mein Kiefer zweimal gebrochen sei, stand für mich fest: Das war's. Ich war am Boden zerstört.«

Im letzten Finalspiel bei den Mannheimer Adlern fingen die TV-Kameras immer wieder Mayrs leidendes Gesicht ein, es quälte ihn, nur zuschauen zu können.

Jörg Mayr nahm an fünf Weltmeisterschaften und vier Olympischen Spielen teil. Die Spiele waren für ihn das Größte, schon wegen der Eröffnungsfeier. »Wenn man in die Arena einmarschiert und die Leute einem zujubeln, dann bekommt man eine Gänsehaut, das löst einen wahren Rausch aus. Dir wird plötzlich bewusst, dass du einer Elite angehörst. Dass du einer von weltweit nur 2.500 Athleten bist, die bei diesem Sportfest mitmachen dürfen. Da schwört man sich, alles zu geben. Mich faszinierte dieses Miteinander von Sportlern unterschiedlicher Nationen und Disziplinen. In unserem Haus im olympischen Dorf wohnten zum Beispiel noch die Rodlerinnen von den Virgin Islands. Wo sonst gibt es so was?[5]«

Nach seiner Karriere blieb Mayr dem Eishockey noch als Richter für Spielersperren nach Fouls treu. Heute arbeitet er voll als Anwalt. Als er am Rande der Eishockey-Gala 2017 auf seine böse Verletzung von damals angesprochen wurde, sagte Jörg Mayr ein wenig kopfschüttelnd: »Da spielt man so viele Jahre, und nur das bleibt hängen?« Nein, bei Weitem nicht nur das. Aber sein Verhalten damals ist beispielhaft für seinen Einsatz und seine Qualitäten in all den Jahren als Spieler für die Kölner Haie.

Deswegen hängt sein Trikot mit Recht unter dem Dach der Kölner Arena.

GRUND 58

Weil Miro Sikora mehr als nur »ein Fall« war

Miro Sikora wird wohl noch sehr lange der erfolgreichste Torjäger der Haie-Geschichte bleiben. 450 Treffer markierte er für den KEC, sein Platz unter dem Hallendach war ihm sicher. 1977 kam der gebürtige Pole nach Köln und blieb für immer, weil Köln ein Teil seiner persönlichen Geschichte wurde. Als er 19 Jahre alt war, setzte er sich nach einem Gastspiel der polnischen Nationalmannschaft an der Lentstraße ab und blieb im Westen.

Der polnische Verband verweigerte dem Flüchtling die Freigabe, so musste Sikora eine Sperre von 18 Monaten absitzen, bis er endlich für die Haie auf Torejagd gehen durfte. Damals war der kalte Krieg noch in vollem Gange, die Flucht aus einem sozialistischen Land war in den Augen der Ostblock-Länder ein schweres Vergehen. Sikora hatte mit Politik nichts am Hut, er wollte einfach nur dort leben, wo er sich sportlich am besten entwickeln konnte. Dies ist heutzutage zum Glück eine Selbstverständlichkeit.

Die Wartezeit lohnte sich, Sikora wurde der beste und konstanteste Kölner Torschütze und erhielt 1986 die deutsche Staatsangehörigkeit. Der damalige Bundestrainer Xaver Unsinn griff sofort zu, denn die Nationalmannschaft hatte ein fast schon traditionelles Problem mit dem Toreschießen. So nahm Sikora im Frühjahr

1987 an der WM in Wien teil und wurde über Nacht bundesweit bekannt. Der finnische Verband fand heraus, dass Sikora mit der polnischen Nachwuchs-Nationalmannschaft 1976 an einem Turnier teilgenommen hatte. Sikora wurde gesperrt, die mit ihm gewonnenen Punkte wurden aberkannt.

Die Angelegenheit ging als »Fall Sikora« in die Geschichte ein, dabei konnte der junge Kölner Stürmer am allerwenigsten dafür, schließlich war seine Spielberechtigung ausdrücklich erklärt worden. Es ist Aufgabe des Verbandes, die Berechtigungen seiner Spieler zu klären und sich um die Formalitäten zu kümmern. Dem Deutschen Eishockey-Bund (DEB) passierte 2008 bei der WM in Kanada übrigens noch einmal ein ähnliches Missgeschick, als der Deutschkanadier Jason Holland für Deutschland spielte, obwohl er gar nicht berechtigt war. Prompt kam der Name Sikora wieder ins Gespräch. Ein junger, talentierter Mann, der einfach nur Eishockey spielen wollte, wurde immer wieder zum Spielball der Funktionäre.

Niemand nahm Mirko Sikora die Geschichte übel, und nach seiner glanzvollen Spielerkarriere wurde er von 1994 bis 1998 Manager des KEC. Leider schied er später im Unfrieden aus der Haie-Organisation aus und kehrte dem Eishockeysport den Rücken, spielte fortan lieber Golf.

GRUND 59

Weil Gustaf Wesslau eine weiße Maske trägt

Als die Haie im Sommer 2015 einen Torhüter aus der schwedischen Elitserien verpflichteten, war die Erwartung groß. In den Jahren zuvor hatten sie stets gut, aber keine überragenden Goalies gehabt, was sich auch in den verlorenen Finalserien 2013 und 2014 zeigte. Gustaf Wesslau hieß der groß gewachsene Mann aus dem hohen Norden, und er eroberte Köln im Handumdrehen.

Bei den Kölner Fans genoss Wesslau schnell Kultstatus, wegen seiner nordischen Ruhe und seiner sicheren Saves. Mit Wesslau hatten die Haie wieder einen absoluten Spitzengoalie. Nichts gegen seine Vorgänger, aber zwischen soliden und exzellenten Torhütern liegt eben doch ein kleiner Unterschied, der im Profisport viel ausmachen kann.

Wesslaus Leistungen wirkten sich auch auf seine Vorderleute aus. Wenn man weiß, dass da hinten im Kasten einer steht, der dem Team die Chance gibt, auch mit nur zwei selbst erzielten Toren zu gewinnen, beruhigt das ungemein. Die Spieler wissen das zu schätzen, viele Kölner Neuzugänge realisierten erst nach ihrem Wechsel in die Domstadt, wie gut dieser Wesslau wirklich ist.

Die Konstanz des Schweden ist beeindruckend, seit 2008 lag seine Fangquote in der schwedischen Elitserien und der DEL immer über 90 Prozent. In Schweden war er sogar einmal Torhüter des Jahres. »Ich habe trotzdem leider nie bei einer WM mitgespielt, im schwedischen Nationalteam habe ich es nur auf 13 Einsätze gebracht, das waren aber keine WM-Spiele, nur Freundschaftsspiele«, bedauerte er.

Kult wurde auch seine weiße, unlackierte Torhütermaske. Während viele seiner Kollegen ihre Masken aufwendig grafisch gestalten lassen, die Skylines ihrer jeweiligen Heimspielstädte und die Namen ihrer Kinder darauf verewigen lassen, war bei Wesslau alles weiß. »Ich bin hier, um Pucks zu fangen«, sagte er trocken, als er darauf angesprochen wurde. Leistung über Eitelkeit, so was kommt an. Er ist auch keiner jener Importspieler, die nach dem letzten Saisonspiel sofort in die Heimat fliegen und erst auf den allerletzten Drücker zurückkehren. Gustaf Wesslau verbringt den Sommer in Köln und trainiert dort. Er lebt, wo er spielt.

GRUND 60

Weil Hardy Nilsson eiskalt war

Schweden sind im Eishockey ganz besonders beliebt, sie sind meist sehr ruhige, intelligente Zeitgenossen, die sehr gut ausgebildet werden, weil die Nachwuchsförderung bei den Skandinaviern sehr gut organisiert ist. Bei den Haien spielten Schweden eine größere Rolle als bei den anderen deutschen Klubs. Ob Tomas Forslund, Petri Liimatainen, Rikard Franzén, Andreas Holmqvist, Andreas Falk, Daniel Tjärnqvist, Johannes Salmonsson, Gustaf Wesslau, Fredrik Eriksson – sie alle spielten wichtige Rollen im Haie-Trikot. Zwei Schweden waren in Köln als Spieler und auch als Trainer aktiv: Niklas Sundblad und Hardy Nilsson. Beide waren als Spieler Meister mit den Haien, Nilsson gelang dieses Kunststück auch als Trainer.

1978 kam Hardy Nilsson als Center nach Köln und wurde am Ende der Saison gleich Meister. Es sah damals aber nicht sofort nach einer großen Liebe zwischen Haien und Hardy aus, denn Nilsson ging direkt wieder zurück in sein Heimatland. Erst 1985 kam er zurück – als neuer Trainer. Er führte bei den Haien schwedische Trainingsmethoden ein, so mussten die Spieler nach den Partien auslaufen, um das Laktat aus den Beinen zu bekommen, das war damals noch revolutionär. Außerdem verpasste er den Kölnern ein defensives Spielsystem, wie es in Deutschland so noch nicht bekannt war.

Der Erfolg stellte sich sofort ein, die Haie wurden dreimal in Folge Meister, spielten die erfolgreichste Ära ihrer Vereinsgeschichte. Sie spielten so, wie ihr Trainer sich nach außen hin gab: eiskalt und effektiv. Erst als die Konkurrenz aus Düsseldorf den Haien die größten Stars abkaufte, wurden die Haie gestoppt. Nilsson blieb noch vier Jahre, wurde nicht mehr Meister, kam aber immer weit mit dem KEC. 1994 warb Hedos München den Meistermacher ab. Wie so oft in der Münchner Eishockeygeschichte, wurde mit viel Geld ein Star-Ensemble gekauft, das Titel holte und den Verein schnell in den Konkurs trieb.

Hardy Nilsson wurde 1994 mit München Meister, zwei Jahre später gelang ihm mit der DEG der letzte deutsche Meistertitel. Dann wurde er Nationaltrainer in Schweden.

GRUND 61

Weil der wahre Potter nicht Harry heißt, sondern Corey!

Der Autor dieses Buches ist seit seiner Kindheit an blöde Sprüche wegen seines Nachnamens gewöhnt. Ob er denn den Aufzug betreten dürfe, schließlich stünde da »im Brand(t)fall nicht benutzen«. Oder dass man ihm sagt, beim Lesen seines Namens bekäme man Durst. »Ich habe einen tierischen Brandt«. Manche Witzchen haben sich allerdings erledigt, so nennt mich niemand mehr »Willy«. Das hat allerdings auch Nachteile, denn früher konnte ich immer sagen »Brandt wie Willy Brandt«, und jeder wusste Bescheid, dass er den Namen mit »dt« schreiben muss.

Das geht heute immer seltener, mit dem 20. Jahrhundert kennen sich vor allem junge Leute kaum aus. Trotzdem überkam mich großes Mitgefühl, als der Spieler Corey Potter von den Kölner Haien verpflichtet wurde. Der arme Kerl war 13, als das erste *Harry Potter*-Buch erschien. Wahrscheinlich nennt ihn die halbe Welt seitdem Harry, und man übertrifft sich gegenseitig mit armseligen Witzchen. Und auch hierzulande war man sich nicht zu schade, »Potter zaubert jetzt in Köln«, stand schon am ersten Tag zu lesen. Haha, was haben wir gelacht. Der coolste Spielername seit Iserlohns »Ryan Ready«. Wenn Potter ein Tor schießt, wird sein Schläger zum Zauberstab. Ist er ein schneller Läufer, fliegt er wie beim Quidditch. Und seine Freundin/Frau hat er bestimmt verzaubert.

Vielleicht wurde er ja wegen seines Namens Eishockeyspieler, weil er jedem legal auf die Fresse hauen wollte, der ihn veralberte. So weit ist es bei mir glücklicherweise nie gekommen; wenn jemand mit meinem Namen einen Witz machte, genügte meistens ein »hey, du bist der Erste, der darauf gekommen ist«, um Ruhe zu haben. Das wird bei einem medienwirksamen Profisportler wie Potter nicht genügen. Ich verspreche hier hoch und heilig, keine Witze oder dummen Sprüche wegen eines Spielernamens zu machen.

Wo spielt Adrian Wichser jetzt eigentlich? Der bildete mal eine Sturmreihe mit Michel Riesen, oder? Damals war vom Duo »Riesen-Wichser« die Rede. Hoffentlich bleiben uns hierzulande solche entwürdigenden Wortspielchen erspart. Und Corey Potter wird vor seiner Unterschrift in Köln kaum gefragt haben, ob die Haie eher mit Gryffindor oder mit Slytherin zu vergleichen sind. Hauptsache, er holt Punkte und gewinnt am Ende den Hauspokal.

GRUND 62

Weil die Haie Christian Ehrhoff nach Köln lockten

Im Oktober 2016 platzte eine Transfer-Bombe in der DEL. Christian Ehrhoff wollte nach einer langen NHL-Karriere mit 13 Jahren in San José, Vancouver, Buffalo, Pittsburgh, Los Angeles und Chicago wieder zurück in die Heimat. Bei den Boston Bruins hätte der 34-Jährige noch einen Job als siebter Verteidiger haben können, doch er wollte Eiszeit – und die wird er in Deutschland reichlich bekommen. Der Poker um den Star ging sofort los, bei allen potenten Klubs war er im Gespräch.

Doch Ehrhoff hatte stets betont, die Krefeld Pinguine, sein Heimatverein, seien erster Ansprechpartner, falls er je zurückkommen sollte. Das Geld spielte keine übergeordnete Rolle für den vielfachen NHL-Millionär, ihm ginge es um die Familie. Die

Ehrhoffs haben ein Haus in der Nähe von Krefeld, dort wollten sie leben. Damit waren außer dem KEV eigentlich nur noch die in der Nähe liegenden Klubs im Wettbewerb, und von denen eigentlich nur noch die Kölner Haie. In Krefeld breitete man Ehrhoff den roten Teppich aus, bot ihm einen Vertrag über fünf Jahre und einen Job im Aufsichtsrat. Angeblich fertigten die Pinguine sogar schon Fanartikel mit Ehrhoffs Namen an. Das Paket fand aber nicht Ehrhoffs Gefallen; was im Hintergrund genau ablief, wird man vermutlich erst in ein paar Jahren erfahren.

Der Verteidiger unterschrieb jedenfalls für geschätzte zwei bis fünf Jahre bei den Haien, über genaue Laufzeiten geben die Kölner keine Auskunft mehr, aus welchen Gründen auch immer. Die Entscheidung war Ehrhoff nicht leichtgefallen, wie er betonte. »Ich hatte ein paar schlaflose Nächte«, erklärte er bei seiner Vorstellung. »Für mich hat die Mischung aus der Nähe zu meinem Zuhause (Moers) und der Perspektive, den Titel zu holen, den Ausschlag zugunsten der Haie gegeben.«

Obwohl die Haie seit bald 15 Jahren nicht mehr Meister wurden, ist Ehrhoff von ihnen überzeugt. »Ich komme in ein absolutes Top-Team, das den Titel gewinnen kann«, sagte er. »Ich bin aber kein Messias und keine Garantie dafür, dass es auch wirklich klappt.« In Krefeld brach ein Sturm der Entrüstung los, die Fans nahmen ihm den Wechsel sehr übel. »Ich lese jetzt nicht alles, was im Internet steht«, sagte Ehrhoff. »Gerade an den Tagen, als ich nicht in Krefeld unterschrieben habe, war natürlich einiges los. Ich konzentriere mich aber auf mein neues Team, um zu helfen, so gut es geht. Alles andere ist für mich nicht wirklich.«

Das Internet ist unwirklich, eine interessante Formulierung. Nun spielt Ehrhoff in einem Umfeld auf NHL-Niveau, das er von der Nationalmannschaft her kennt. »In Deutschland ist die Kölnarena natürlich das beste mit der NHL vergleichbare Stadion, die Atmosphäre ist sogar besser als dort, weil die Fans immer singen und anfeuern«, bestätigte er.

Ehrhoff schlug nicht nur die Pinguine, sondern auch höher dotierte Angebote aus dem In- und Ausland aus, dürfte aber trotzdem der bestbezahlte Spieler im Kölner Kader sein. Finanziert wird er komplett von den Gesellschaftern, wie Geschäftsführer Peter Schönberger betonte. Die Herren um Geldgeber Frank Gotthardt haben also tief in die eigenen Taschen gegriffen, sollen sich auch persönlich um den Star-Verteidiger bemüht haben. Aber Ehrhoff kostet nicht nur Geld, er ist auch eine starke Marke, die für Mehreinnahmen beim Ticket- und Trikotverkauf sorgen könnte. Wenn er gesund bleibt und seine Leistung bringen kann.

Es gab in Köln sofort einen riesigen Hype um seine Person. Er wurde als »50-Millionen-Mann mit dem James Bond-Auto« bezeichnet, weil er mit einem Aston Martin zur Pressekonferenz anfuhr. Nach drei Spielen verletzte sich Ehrhoff am Knie, fiel mehrere Wochen aus. Prompt war die Frage, wann er wieder spielen könne, fast wichtiger als die Ergebnisse der Mannschaft. Die Erwartungen wurden so enorm in den Himmel geschraubt. Zumindest schürte Christian Ehrhoff schon einmal den internen Konkurrenzkampf in Köln, er kam in einen kompletten Kader mit sieben Top-Abwehrspielern, von denen einer weichen musste.

GRUND 63

Weil Dave McLlwain nicht spielte, um zu verlieren

»We don't play this game to lose« – mit diesem Slogan wurde Dave McLlwain zu einem Aushängeschild der Kölner Haie. Wohl kein anderer ausländischer Spieler konnte derart klar mit den Haien assoziiert werden wie McLlwain. Im Jahr 2000 kam er nach Köln und blieb neun Jahre lang, am Ende war er schon 41 Jahre alt. »Er hat das Gesicht unserer Mannschaft, des gesamten Vereins jahrelang geprägt«, sagte Verteidiger und Rekordspieler Andreas Renz. 2002 wurde McLlwain mit den Haien Meister, 2007 wählte man den Kanadier zu Kölns »Sportler des Jahres« noch vor Fußballprofis vom großen FC.

Leider wurden seine Erfolge durch Pech geschmälert, denn in den Play-offs 2002 konnte er wegen eines Fußbruchs nur zuschauen, ein Jahr später stand er mit den Haien im fünften Finale gegen Krefeld und schied früh wegen einer zweifelhaften Spieldauer-Disziplinarstrafe aus. So musste er untätig zuschauen, wie sein Team knapp gegen Krefeld verlor.

Der Kölner Boulevard nannte ihn spöttisch »Eis-Opa«, weil er selbst mit 41 noch auf den Kufen stand. McLlwain nahm es mit Humor, weil er selbst am besten beurteilen konnte, dass er noch fit war. »Gutes Essen und guter Schlaf« waren seine Erklärungen für die konstanten Leistungen. Als ihn ein Kölner Lokalsender einmal mit dem Hubschrauber fliegen ließ und bei einem Vorbereitungsturnier in Salzburg in eine Kutsche setzte, scherzte McLlwain: »Sie müssen mich immer transportieren, weil ich zu alt zum Laufen bin.«

Sechs Mal stand er im DEL-All-Star-Team, 508 Spiele absolvierte der »Gentleman« für den KEC. Er galt immer als Muster des fairen Sportsmanns, deshalb überrascht es ein wenig, dass »Mac« mit 852 Strafminuten die ewige Sünderliste der KEC-Geschichte anführt. Er spielte eben sehr lange in Köln.

Dabei waren die Haie nicht einmal seine erste Station in Deutschland, denn McLlwain kam nach seiner NHL-Karriere erst einmal zum EV Landshut, kam dort aber noch nicht so gut zurecht wie später in Köln. In der Schweiz akklimatisierte er sich beim SC Bern, bevor er bei den Haien zum langjährigen Star wurde. Zu seiner Zeit in der NHL stellte er einen mehr oder weniger unfreiwilligen Rekord auf: McLlwain spielte in der Saison 1991/92 in vier verschiedenen NHL-Klubs (Winnipeg Jets, New York Islanders, Buffalo Sabres und Toronto Maple Leafs).

Im Januar 2016 weilte McLlwain noch einmal in Köln, er war als möglicher Sportdirektor der Haie im Gespräch. Der KEC entschied sich dann aber für Mark Mahon, zumal McLlwain mit seiner Familie in Kanada verwurzelt war und die Kölner lieber jemanden haben wollten, der am Rhein sesshaft ist.

»Seit einigen Jahren denke ich über den richtigen Zeitpunkt nach«, erklärte McLlwain bei seinem Abschied. »Irgendwann sind Körper und Geist nicht mehr einer Meinung, ich habe viele Gespräche mit meiner Frau, meinen Eltern und dem Management geführt. Ich habe auch ehemalige Profis gefragt, wie sie ihre Karriere beendet haben. Sie sagten mir alle, dass man es irgendwann einfach weiß. Im Nachhinein werde ich zurückdenken, dass es eine tolle Zeit war.«

Acht Jahre lang lebte McLlwain mit seiner Familie in Köln-Lindenthal, dann packte er seine Sachen (»Unmengen an Spielzeug«) und ging nach Kanada zurück, um erst einmal eine Auszeit zu nehmen: »Ich muss plötzlich kein Sommertraining mehr machen und brauche nicht mehr so sehr auf meine Ernährung zu achten, das war merkwürdig, weil ich es mein ganzes Leben lang tun musste.« McLlwain hat in all den Jahren eine besondere Beziehung zu seiner zweiten Heimat aufgebaut: »In Köln war es sehr familiär, auch mit dem Klub.«

Heute lebt McLlwain wieder in Kanada, spielt noch im Wohltätigkeitsteam der Toronto Maple Leafs und arbeitet ansonsten in der Security-Branche. Außerdem hat er eine Firma, die für Veranstaltungen und Restaurants Geräte zum Aufladen von Handy-Akkus bereitstellt. Mit der DEL hat er abgeschlossen. »Ich denke, die Zeit ist vorbei, um in die DEL zurückzukehren«, sagt er. »Ich hatte es immer im Hinterkopf, aber ich genieße es inzwischen, andere Dinge zu tun und Herr über meinen Terminkalender zu sein.«

GRUND 64

Weil sie Deutschlands ersten Stanley-Cup-Sieger hervorbrachten

Die Jahre vergehen, und sie verschwinden mehr und mehr aus dem Gedächtnis. Manchmal ruft man sich ein bestimmtes Jahr ganz bewusst auf und weiß noch, wo man damals gearbeitet hat und vielleicht noch, wo man seinen Urlaub verbracht hat. Aber sonst? Man ist jeden Morgen aufgestanden und hat einen Tag verbracht, aber man weiß nicht mehr womit. Vielleicht sollte man sich dessen bewusst sein, wenn man sich mal wieder über irgendetwas aufregt. Lohnt sich nicht, man wird sich später eh nicht daran erinnern können. Ausnahmen sind historische Ereignisse, die sich ins Gedächtnis gebrannt haben.

Wer beim Mauerfall schon bewusst gelebt hat, wird sich daran wohl immer erinnern. Bei älteren Eishockeyfans wie dem Autor dieses Buches kommt ein bestimmtes Datum hinzu: Der 10. Juni 1996, als Uwe Krupp den Stanley Cup holte. An jenem Tag war ich im Urlaub in den USA und sah das Spiel auf einem hölzernen Hocker in einer Bar in San Francisco, weil ich den übertragenden Sender nicht im Hotelzimmer empfangen konnte. Leider musste ich viele Stunden auf diesem Hocker verharren, bis die Entscheidung fiel. Es tat meinem Sitzfleisch nicht gut, doch dass dann ausgerechnet Uwe das Tor schoss, entschädigte ungemein.

Warum war Krupps Erfolg so eine große Sache? Es liegt wohl daran, dass die NHL damals viel weiter weg war als heute. Das war damals eine andere Welt, Mega-Stars in riesigen Hallen, Spiele bekam man selten zu sehen. Und dann war einer von uns plötzlich dabei und spielte sogar noch eine Schlüsselrolle. Unglaublich. Heute ist die Welt kleiner als damals, wir haben selbst große Hallen, kennen alle NHL-Spieler aus hochauflösenden Übertragungen, und ein halbes Dutzend unserer Jungs spielt regelmäßig drüben mit. Nach meinem Urlaub damals kam ich übrigens gerade noch rechtzeitig heim, um das Fußball-EM-Finale 1996 zu sehen. War wohl kein schlechtes Jahr, dieses 1996.

Krupp gewann später mit den Detroit Red Wings noch einmal den Cup, konnte verletzungsbedingt aber kaum spielen und wurde daher nicht auf dem Cup als Sieger verewigt.

Mit Dennis Seidenberg und Tom Kühnhackl haben inzwischen zwei weitere Deutsche den Stanley Cup gewonnen, Kühnhackl gelang dies sogar zweimal in Folge mit den Pittsburgh Penguins.

GRUND 65

Weil Andreas Renz aus Eisen geschmiedet wurde

Mirko Lüdemann ist der Rekordspieler der DEL. Dabei sollte man aber nicht vergessen, dass vor Lüdemann ein anderer Kölner ganz oben in der List mit den meisten Spielen stand: Andreas Renz. 892 Spiele schaffte er in der höchsten deutschen Klasse, das war die Bestmarke, bis Lüdemann und andere ihn überholten. Renz war der Prototyp des harten Arbeiters, kein großartiger Läufer wie Lüdemann, kein »Blueliner«, aber ein zuverlässig und knallhart an sich arbeitender Kämpfer. »Ohne ihn willst du nirgendwo hinfahren«, sagte Bundestrainer Uwe Krupp einst über »Eisen-Renzi«.

Renz spielte auch schon einmal mit einem Kreuzbandriss, eine Orthese hielt das Bein zusammen. Ein kräftig gebauter, stets freundlicher Zeitgenosse, bescheiden, höflich – wenn man ihm nicht auf dem Eis begegnete. Sein Trash-Talk war berüchtigt, ebenso seine Checks, auch wenn er sie in der DEL nicht so krachen lassen konnte, wie er gewollt hätte.

»Hierzulande sind die Spieler im Unterschied zur NHL oft nicht bereit, wenn man einen Check zu Ende fahren will«, erklärte er einmal. »Viele Stürmer drehen sich in die Bande rein, wenn man sie checken will, weil sie wissen, dass es dann eine Strafe gegen den Verteidiger gibt. Die drehen dir den Rücken zu und lassen sich fallen, da kriegt man als Verteidiger gleich mal 2+10 Strafminuten. Also dreht man lieber ab und fährt den Check nicht zu Ende, weil der Gegner nicht bereit ist. Noch ein Aspekt kommt hinzu: Bei uns wird eine Szene danach beurteilt, was mit dem gecheckten Spieler passiert, nicht aber danach, ob der Check fair war. Steht der Spieler wieder auf, gibt es vielleicht keine Strafe oder zwei Minuten. Bleibt er liegen, gibt es 2+10 Minuten. Ist er sogar verletzt – Matchstrafe. Das kann ich nicht verstehen, der Check sollte beurteilt werden, nicht die Folge.«

Bei internationalen Turnieren wurde anders gepfiffen, da durfte auch ein Andreas Renz es krachen lassen. »Wenn man zu einem Turnier wie der WM 2008 in Kanada kommt, wundert man sich im ersten Spiel noch, was da abgeht. Aber dann passt man sich an und fährt seine Checks auch zu Ende, das macht dann auch Spaß. Und es tut nicht weh«, grinste er.

Renz spielte von 2001 bis 2009 in Köln, machte mehr als 500 Spiele für den KEC und war Teil der Meistermannschaft von 2002. Im Jahr 2008 litt er unter Herzrhythmusstörungen und wurde bei vollem Bewusstsein am offenen Herzen operiert. »Da liegst du und darfst dich nicht bewegen, denn wenn die nur um Millimeter abrutschen, kann es übel werden«, erzählte er. »Die fahren dein Herz dann mal eben hoch und wieder runter, als wäre es eine Maschine.«

2010 wollte Renz zu den Kassel Huskies wechseln, doch die gingen in die Insolvenz, so ging er zurück in den Schwarzwald zu seinem Stammverein in Schwenningen. Zwei Jahr später zog er sich eine Augenverletzung zu und beendete schließlich seine Karriere.

Doch Andreas Renz war mehr als nur ein harter Spieler, er sorgte sich auch um seinen Berufsstand und wollte sogar einmal eine Spielergewerkschaft gründen, so wie es in der NHL gang und gäbe ist. »Die Intention für einen erfahrenen Spieler wie mich ist einfach, man hat in all den Jahren viele schöne und weniger schöne Dinge erlebt, wurde als Spieler aber nie um seine Meinung gebeten«, erklärte Renz.

»Es wird vieles beschlossen und diskutiert, aber nach unserer Meinung fragt nie jemand, weder die Vereine noch die Liga. Wir sind jeden Tag in diesem Geschäft, haben Kontakt zu Sponsoren und Fans, haben gute Ideen und werden trotzdem außen vor gelassen. Wer fragt uns beispielsweise bei der Zusammenstellung des Spielplans, ob wir es gut finden, sonntags erst um 18.30 Uhr zu spielen, wenn es eine lange Auswärtsfahrt nach sich zieht und wir dadurch erst mitten in der Nacht heimkommen, am Dienstag aber wieder spielen müssen? Oder wer fragt uns, ob wir es gut finden, Weihnachten nicht nur zu spielen, sondern auch noch einen Tag vorher zum Spiel anzureisen, weil wir beim am weitesten entfernten Gegner antreten müssen? Wir wollen nicht, dass wegen uns Spiele verlegt werden, aber man kann die Klubs sensibilisieren und darauf aufmerksam machen, dass auch unsere Bedürfnisse eine Rolle spielen.«

Renz ging es dabei keineswegs um revolutionäre Umwälzungen im deutschen Eishockey, wie er betonte: »Ich habe mit vielen älteren und jüngeren Spielern, aber auch mit Kanadiern gesprochen, und sie alle sind der Meinung, dass man sich organisieren sollte. Wir wollten nicht auf den Putz hauen und Forderungen als Gewerkschaft stellen, es ging uns nur um eine Gemeinschaft, die vielleicht von den DEL-Gremien um ihre Meinung gefragt wird. Bisher kämpft jeder für sich alleine, es gibt einen DEL-Mustervertrag, den jeder Spieler unterschreiben muss und in dem wir alle unsere Rechte an die Vereine abtreten. Das akzeptieren wir so, aber warum muss es eigentlich so sein? Niemand vertritt uns, nicht alle Manager kennen sich zum Beispiel mit den Problemen aus, die im Fall einer Krankheit auf einen Spieler zukommen. Nicht immer zahlt die Versicherung oder die Berufsgenossenschaft, wenn ein Spieler krank ist.«

Renz war sich der Größe der Aufgabe bewusst, die Gründung einer Interessengemeinschaft hätte viel Arbeit nach sich gezogen, daran ist das Projekt letztendlich gescheitert. »Man muss Mitgliedsbeiträge verwalten, Anwälte konsultieren, mit den anderen Spielern kommunizieren. Deswegen wäre eine Gewerkschaft etwas zu hoch gegriffen gewesen«, sagte Renz. »Es gab schon einmal die Vereinigung Deutscher Eishockeyspieler, die von Jörg Hiemer gegründet wurde. Um so etwas zu wiederholen, müssten viele an einem Strang ziehen, aber dass es großen Aufwand erfordert, musste jedem klar sein. Genau deswegen hat sich in den vergangenen Jahren vermutlich niemand darum gekümmert. Den Spielern geht es gut, und da ist der Antrieb natürlich nicht so stark, als wenn es für jeden um die Existenz ginge. Aber die älteren Spieler stehen in der Verantwortung für die Jungen, da sind sie gefordert. Spieler wie Sven Felski oder Tino Boos sahen da auch Handlungsbedarf. Die Kanadier kennen das von der NHLPA, mit der man sich natürlich nicht messen kann.«

Andreas Renz ist bei den Haien auch heute noch ein gern gesehener Gast, wenn er als Co-Kommentator bei TV-Übertragungen vorbeischaut.

GRUND 66

Weil sie einen tanzenden Torhüter hatten

In der Eishockeywelt kennt ihn jeder als »Peppi«, auf seiner Mailbox jedoch meldet er sich ganz formal als »Joseph« Heiß. Der ehemalige Nationaltorhüter wird seinen Spitznamen kaum loswerden, zumal er weiterhin im Eishockeysport aktiv ist. Er war ein Mann der alten, teilweise noch offenen Eisstadien in Deutschland. »Ja, darunter waren einige Hallen, in denen ich viel erlebt habe«, blickte er einmal zurück. »Vor allem die Kölner Lentstraße, die Eishalle gibt es ja leider nicht mehr. Meine schönste Erinnerung daran ist der Europapokal, wo ich mit den Kölner Haien gegen Jokerit Helsinki im Penaltyschießen leider nur Zweiter geworden bin. Dann gab es natürlich viele tolle Play-off-Spiele gegen Landshut, Rosenheim und natürlich Düsseldorf. Da war die Halle immer bombenvoll, das hat natürlich riesigen Spaß gemacht.«

In Düsseldorf hatte Heiß auch gespielt und geriet als Bayer mitten in die rheinische Rivalität. »Das war natürlich etwas ganz Neues«, sagte er. »Als ich nach Düsseldorf kam, haben alle zu mir gesagt, ich könne ruhig die nächsten Spiele verlieren, nur gegen Köln müsse ich gewinnen. Dann habe ich nach Köln gewechselt, und dort hat man es mir genau andersherum erzählt. Diese Rivalität war natürlich nicht immer so ganz ernst gemeint, aber es war schon etwas Besonderes.«

In seinen ersten Kölner Jahren scheiterte Peppi Heiß oft knapp mit den Haien am Meistertitel. »Niemals Meister, Peppi Heiß«, riefen die gegnerischen Fans höhnisch. 1996 klappte es dann endlich mit dem Titel für den Torhüter. »Deutscher Meister Peppi Heiß«, sangen die Kölner Fans nun höhnisch zurück. Heiß erhielt noch ein großes Abschiedsspiel mit vielen ehemaligen Weggefährten, es war das letzte Spiel in der alten Eishalle an der Lentstraße vor ihrem Abriss.

GRUND 67

Weil sie die »Pizza-Connection« hatten.

Es gab so um die Jahrtausendwende viele Italokanadier in der DEL. Italien spielte damals in der A-Gruppe mit, und da Eishockey im Land der Azzurri nur in Südtirol eine Rolle spielt, holte man sich die Nationalspieler eben aus Kanada, wo es im Raum Toronto alleine schon mehr Spieler gibt als in ganz Deutschland. So spielte bei den Weltmeisterschaften eine italienische Nationalmannschaft, in der absolut niemand italienisch sprach.

Auf diese Weise kamen viele Spieler mit italienischen Wurzeln und Pässen nach Europa, und einige davon landeten in Deutschland. Bei den Haien spielten Ende der Neunzigerjahre unter anderem die drei Stürmer Bruno (Brrrrrrrruno) Zarillo, Luciano Borsato und Joe Busillo. Sie wurden bekannt als die »Pizza-Connection«. Die drei bildeten eine bei den Gegnern gefürchtete Sturmreihe.

Bruno Zarillo spielte von 1996 bis 2001 bei den Haien und war sogar Kapitän. Borsato war von 1995 bis 1998 in Köln, Busillo war von 1996 bis 1998 für die Haie aktiv. Zarillo schoss für die Haie in sechs Jahren 134 Tore, nur einmal traf er weniger als 20-mal pro Saison. So einen Schützen könnte der KEC gegenwärtig gut gebrauchen. Der damalige Kölner Hallensprecher Micky Grimm sagte jeden Scorerpunkt Zarillos mit einem rollenden »R« an, so wurde das »Brrrrrrrruno« zu seinem persönlichen Merkmal.

Grimm war mehr als 20 Jahre lang Hallensprecher bei den Haien, wurde 2002 allerdings »eingespart« und durch Oliver Frühauf ersetzt. Grimm lebte auf Mallorca und musste zu jedem Heimspiel auf Kosten des KEC eingeflogen werden, das wurde dem Klub auf Dauer zu teuer.

2016 gab es ein Wiedersehen der »Pizza-Connection« am Rhein, das Trio stand bei Mirko Lüdemanns Abschiedsspiel noch einmal gemeinsam auf dem Eis.

GRUND 68

Weil sie »Schäng Peng« haben

Er heißt Shawn Lalonde, kommt aus Kanada und ist Verteidiger mit einem verdammt harten Schuss. Vor der Saison 16/17 gewann Lalonde den Schlagschuss-Wettbewerb der DEL und durfte in der gesamten Spielzeit einen Hammer auf dem Trikot tragen. Lalonde ist offensiv so wertvoll, dass man ihm seine manchmal haarsträubenden Fehler vor dem eigenen Tor verzeiht. Obwohl er punktbester Abwehrspieler der Saison 16/17 war, kam er nicht in den Kreis der Kandidaten für den Titel des »Verteidigers des Jahres«.

Das lag vermutlich daran, dass Lalonde zu einer gewissen Lässigkeit vor dem eigenen Tor neigt, die dazu führt, dass er die Scheibe gerne mal ohne Not direkt zum Gegner spielt, der sich dann nicht selten mit einem Treffer bedankt. Da rauft sich der geneigte Haie-Fan dann schon einmal die Haare, und dem Trainergespann dürfte es ähnlich gehen. Umso schöner sind seine krachenden Schüsse von der blauen Linie, manchmal geht Lalonde auch direkt vors Tor und trifft dort besser als mancher Stürmer.

Der Kölner Boulevard verpasste Lalonde daraufhin den Spitznamen »Schäng Peng«. »Schäng« als Kölsch-Version von »Shawn« und »Peng«, wegen seiner knallenden Schüsse. Als Lalonde mit dem Spitznamen konfrontiert wurde, reagierte er cool. »Ah, okay. I like it.« Machte er nur gute Miene zum vermeintlich bösen Spiel? Nein, er nahm den Namen an und spielte sogar selbst mit ihm. Nach dem sechsten Viertelfinalspiel in Wolfsburg, als er mit einem seiner Kracher ein siebtes Spiel erzwang, sagte er hinterher lachend zu den Journalisten: »Schäng Peng. The Hammer!« So was kommt gut an.

GRUND 69

Weil Marcus Kuhl und Christoph Ullmann etwas gemeinsam haben

Spielerwechsel sind im Sport an der Tagesordnung, die Angestellten kommen und gehen. Mal wollen sie sich sportlich verbessern (das Geld spielt dabei natürlich nie eine Rolle), mal bekommen sie keinen Vertrag mehr. Es kommt aber eher selten vor, dass Spieler später wieder zum ursprünglichen Klub zurückwechseln. Noch viel seltener geschieht es, dass sie nach dem Zurückwechseln noch einmal zu demselben Klub gehen, für den sie ihren Arbeitgeber früher schon verlassen hatten. Klingt kompliziert, ist aber schon zweimal mit den Kölner Haien und dem Mannheimer ERC, den Adlern, geschehen.

1977 und 1979 wurde ein junger Spieler namens Marcus Kuhl (Jahrgang 1957) mit den Kölner Haien Deutscher Meister. Er ging dann nach Mannheim, wo er gleich im Jahr darauf ebenfalls den Titel gewann. Dann ging er wieder nach Köln und wurde dort 1984 erneut Deutscher Meister. Was geschah dann? Richtig, Marcus Kuhl fuhr erneut mit dem Möbelwagen den Rhein entlang und machte erst in Mannheim halt. Dort wurde er nach seiner aktiven Karriere Manager und holte Meisterschaften in Serie: 1997, 1998, 1999, 2001 und 2007. Man bringt Kuhl heute deswegen fast nur mit Mannheim in Verbindung, doch er machte für die Haie 343 Spiele, schoss 250 Tore und gab 230 Vorlagen. Eine stolze Bilanz.

Christoph Ullmann (Jahrgang 1983) machte es ihm nach. »Ich bin der neue Marcus Kuhl«, grinste er nach seinem letzten Wechsel in die Kurpfalz. 1999 kam Ullmann zu den Kölner Junghaien, überzeugte dort und erhielt 2002 die Chance, in den Profikader hineinzuschnuppern. So wurde er als Ergänzungsspieler gleich Meister. Ein Jahr später unter Trainer Hans Zach stockte »Ulle« in seiner Entwicklung und entschloss sich zum Wechsel nach Mannheim. Dort ging es richtig ab mit der Karriere, von 2004 bis 2008 spielte er bei den Adlern und wurde zu einem der besten deutschen Center. Darum holte ihn der damalige Haie-Manager Rodion Pauels wieder zurück in die Domstadt.

Ullmann war bei den Haien Führungsspieler und Kapitän, dennoch zog es ihn 2012 wieder zu den Adlern, zumal seine Frau und die Familie aus der Quadrate-Stadt kommen. Für die Haie machte Ullmann 175 Spiele (plus Nachwuchs), schoss 52 Tore und gab 72 Vorlagen.

Übrigens spielten in der Saison 2016/17 noch drei weitere Spieler in Mannheim, die schon für die Haie aktiv waren: Daniel Sparre, Youri Ziffzer und Marcus Kink. In die Fußstapfen von Kuhl und Ullmann könnte aber nur Kai Hospelt treten, er stammt aus dem Kölner Nachwuchs, wurde bei den Haien zum Profi, spielte später drei Jahre in Mannheim und kam 2016 wieder »haim«. Theoretisch könnte Hospelt noch einmal nach Mannheim zurück wechseln und zum neuen Kuhl werden, doch Hospelt plant, seine Karriere in seiner Geburtsstadt Köln zu beenden.

KAPITEL 5

DIE BESONDEREN MOMENTE

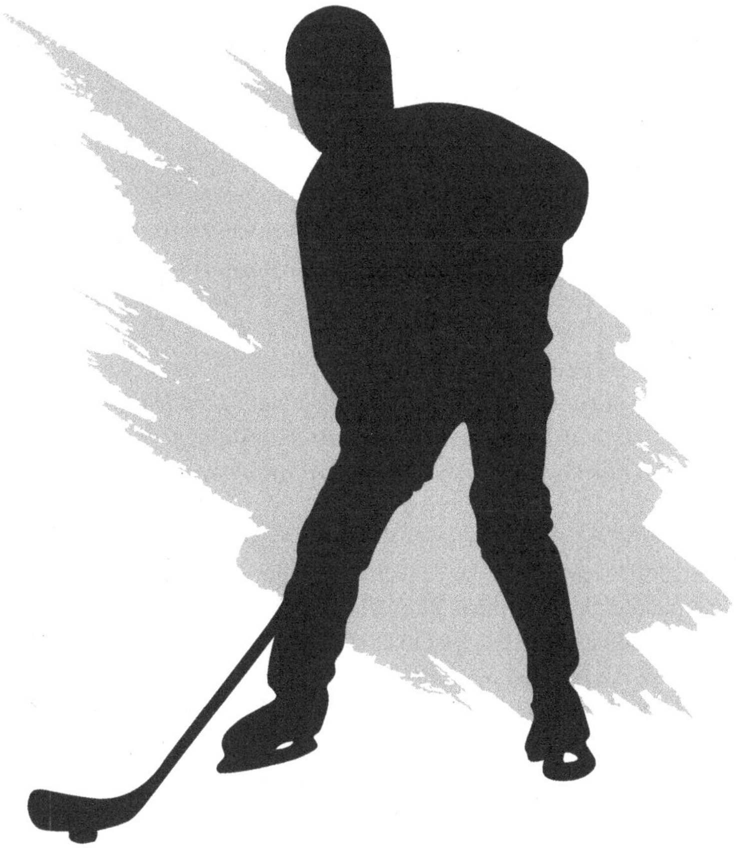

GRUND 70

Weil Philip Gogulla so wichtige Tore schießt

Zunächst einmal: Sein Nachname wird Go-GU-lla ausgesprochen, Betonung auf der zweiten Silbe, nicht auf der ersten. Der gebürtige Düsseldorfer galt schon in seinen Teenagerjahren als großes Talent, wurde mit 17 von Hans Zach nach Köln geholt. Doch Zach gilt bis heute auch als Gogullas härtester Kritiker, weil der Rotschopf nach Meinung des Alpenvulkans zu wenig Emotion zeigt und zu oft die Defensive vernachlässigte. Darüber kann man diskutieren, Fakt ist jedoch, dass Philip Gogulla dazu neigt, ganz besonders wichtige Tore zu schießen.

Wenn Spiele lange in der Verlängerung sind, wenn es um die Wurst geht, dann ist Gogulla zur Stelle.

Es begann am Ostersonnabend 2008, Gogulla entschied das zweitlängste Spiel der Eishockey-Weltgeschichte in der 169. Spielminute gegen Mannheim. Davon später viel mehr. Bei der WM 2010 im eigenen Land siegte Deutschland im Viertelfinale mit 1:0 gegen die Schweiz und zog historisch ins Halbfinale ein. Wer war wohl der Torschütze? Am Ende der Saison 2010/11 mussten die Haie in der 1. Play-off-Runde (auch »Pre-Playoffs« genannt) gegen München ran. Nach fast viereinhalb Stunden Spielzeit, kurz vor Mitternacht, traf Gogulla zum Sieg. Ausgerechnet. Damit entschied Philip Gogulla das längste und das drittlängste Spiel der DEL-Geschichte.

Wenn es in die Overtime geht und Gogulla aufs Eis kommt, denken die Gegner »Oh Gott, nicht der schon wieder«. Aber auch in regulärer Spielzeit setzt der technisch versierte Stürmer Akzente in wichtigen Spielen. Als die DEG ihr Winter Game in der Esprit-Arena vor über 50.000 Fans gegen die Haie abhielt, führte sie mit 3:0 und musste doch noch zittern, weil Philip Gogulla in seiner Geburtsstadt zweimal traf.

Fortsetzung folgt, Gogulla ist ein bodenständiger Typ, der nicht zu den Wandervögeln seines Business gehört. Seine gesamte Karriere absolvierte er beim KEC, mit einem Jahr Unterbrechung, als er sein Glück in Nordamerika versuchte, aber vom Heimweh geplagt wurde. Er hat einen langjährigen Vertrag in Köln und bildet mit Ryan Jones ein herausragendes Sturmduo. Da kommt noch was auf uns zu.

GRUND 71

Weil Doug Mason bei den Haien zum ersten glatzköpfigen Cheerleader wurde

Wie versprochen: Jetzt geht es um das Spiel der Spiele, um Köln gegen Mannheim am Ostersonnabend 2008. Der Autor dieses Buches betrat die Arena damals am 22. März gegen 16:00 Uhr am Nachmittag und hatte erst am 23. März gegen 0:30 Uhr Feierabend. Was dazwischen lag, war unglaublich. Es war das dritte Spiel der Viertelfinalserie, beide Teams hatten zuvor jeweils ihr Heimspiel gewonnen. Alle Spiele verliefen sehr eng, so auch dieses. Nach 60 Minuten stand es 4:4, es ging in die Verlängerung.

Das vierte Drittel blieb auf beiden Seiten ohne Torerfolg, was selten ist. Die meisten Verlängerungen werden ziemlich schnell entschieden. Auch nach 100 Minuten stand es 4:4. Große Nervosität bei allen Beteiligten und den Zuschauern, jeder Angriffszug einer der beiden Mannschaften konnte nun die Entscheidung bringen. Doch auch nach 120 Minuten war der Treffer nicht gefallen. Die beiden Torhüter Adam Hauser (Mannheim) und der unvergessene Robert Müller hatten nun jeweils einen Shut-out hingelegt. In den Mannschaftskabinen wurde die Nahrung knapp. Mitarbeiter der Haie setzten sich auf Fahrräder oder in ihre Autos und klapperten die Tankstellen der Umgebung ab, kauften sämtliche Schokoriegel auf.

An den Ständen im Foyer der Kölnarena wurde das Bier knapp. Manche Zuschauer gingen heim, andere schliefen übermüdet ein. Nach 140 Minuten, dem siebten Drittel, stand es noch immer 4:4. Dann begann das achte Drittel, ein Mannheimer Spieler brach zusammen, musste in die Kabine gebracht werden. Um Mitternacht zählten die Fans auf der Südkurve die letzten zehn Sekunden herunter und riefen dann »Frohe Ostern«, schließlich hatte gerade der Ostersonntag begonnen. Dann kam die 169. Minute, Kamil Piros passte die Scheibe im Mannheimer Drittel zu Philip Gogulla, der zog ab, und die Scheibe landete über Hausers Schulter im Tor.

Der Torjubel war eine Erlösung für alle Anwesenden außerhalb Mannheims, dieses Spiel durfte man einfach nicht verlieren. Die Spieler gingen so schnell wie möglich in ihre Kabinen, am Montag stand ja bereits Spiel vier auf dem Plan. Das ging übrigens auch in die Verlängerung, Köln gewann diesmal aber schon in der 66. Minute. Auf der Pressekonferenz nach dem Marathon war Gästetrainer Dave King kurz angebunden. »Es ist 20 Minuten nach 12, es war ein gutes Spiel, gute Nacht«, mehr hatte er nicht zu sagen.

Anders Kölns Trainer Doug Mason. Auf die Frage des Autors dieses Buches, was er in den acht Drittelpausen zu seinem Team gesagt habe, ob es überhaupt noch möglich war, taktische Anweisungen zu geben, sagte er: »Ich war nur noch Cheerleader. Ich habe die Jungs nur angefeuert.« Während die Zuschauer müde und glückselig nach Hause torkelten, ging Andreas Renz joggen. Auslaufen nach dem Spiel, das ganz normale Programm.

Aus den Sprüchen der Pressekonferenz machten die Haie übrigens ein T-Shirt, das sich großer Beliebtheit erfreute. Überschrift: »Ich war nur noch Cheerleader!«

GRUND 72

Weil Alex Hicks nicht aufzuhalten war

Die Haie-Meisterschaft 2002 war schon ungewöhnlich. Gegen Ende der Vorrunde dümpelten die Haie so vor sich hin, Trainer Lance Nethery bekam keine Konstanz in die Leistungen. Man sah den Spielern an, dass viel mehr in ihnen steckte, als sie in den Spielen zeigten. Doch niemand kitzelte das aus ihnen heraus. Der frustrierte Nethery griff dann zu einer ungewöhnlichen Maßnahme: Er sperrte das Team in der Kabine ein. Andreas Renz erinnerte sich, dass niemand für 24 Stunden das Trainingsgelände verlassen durfte. »Wir haben dann einen Spieler ausgeknobelt, der nackt zur Geschäftsstelle hochlaufen und auf Netherys Schreibtisch mit Fenster zur Trainingshalle springen musste. Von da an waren wir ein so eingeschworener Haufen, dass war nicht mehr zu stoppen waren.[6]«

Nethery erlebte die Früchte seiner Teambuilding-Maßnahme nicht mehr, er wurde entlassen, sein Assistent Rich Chernomaz übernahm. Für die neue Saison wurde Hans Zach verpflichtet, und 15 Spielern wurde mitgeteilt, dass sie gehen mussten. Nun hätten die Spieler einfach Dienst nach Vorschrift machen und früh in den Sommerurlaub gehen können, doch das Gegenteil geschah. »Wir waren bereit, füreinander vor einen Bus zu springen«, sagte Stürmer Dwayne Norris, der in den Play-offs zum wertvollsten Spieler der Liga wurde.

Im Viertelfinale schlugen die Haie überraschend die favorisierten Pinguine aus Krefeld, damit war eigentlich schon ein versöhnlicher Abschluss erreicht, doch die Mannschaft wollte mehr. Im Halbfinale traf sie auf die München Barons, die Serie ging über volle fünf Spiele. Im letzten Halbfinale in München ging die Schlacht ins Penaltyschießen, damals gab es das noch in den Play-offs. Zum entscheidenden Penalty lief Alex Hicks an. Der Stürmer wurde beim Anlauf auf das Münchner Tor immer weiter nach links abgedrängt, fand keine gute Schussposition und lief scheinbar am Tor vorbei – doch plötzlich zappelte die Scheibe im Netz.

Irgendwie hatte Hicks es geschafft, den Puck fast von der Grundlinie aus noch ins Tor zu schießen. Die Haie standen sensationell im Finale und trafen auf den Titelverteidiger Mannheim. Die Kurpfälzer waren hoch favorisiert und gewannen das erste Finale im Mannheimer Friedrichspark locker mit 4:0. »Wir sind zu stark für euch«, sangen die Mannheimer Fans Richtung Köln. Doch die Haie kamen noch einmal zurück, sie gewannen Spiel zwei und Spiel drei, konnten nun in eigener Halle Meister werden.

Der Ansturm auf das Spiel war riesig, Fans campierten vor dem Haie-Zentrum, um am nächsten Morgen Karten ergattern zu können. Manche hatten einen Grill dabei, machten das Warten zum Event. 18.600 Tickets wurden verkauft, ein neuer Europarekord. Doch die Haie verloren, so wie sie noch viele entscheidende Spiele vor eigenem Publikum verlieren sollten. Der Meister schlug mit einem 3:1 eiskalt zurück und hatte nun seinerseits alle Trümpfe in der Hand, um zu Hause den Deckel drauf zu machen.

Mannheim ging im finalen Spiel mit 1:0 durch Michel Picard in Führung, machte danach viel Druck und hatte einen Pfostenschuss durch Stefan Ustorf. Dann erhielt Alex Hicks die Scheibe neben dem eigenen Tor. Er lief mit dem Puck durch die neutrale Zone, wurde nach rechts abgedrängt und an die Bande genagelt, kam zu Fall, stand wieder auf und führte den Puck weiter. Hinter dem Tor wurde er noch einmal gecheckt, stand wieder auf, befreite sich, fuhr mit dem Puck vors Tor und schoss unter Mike Rosati zum 1:1 ein.

Der Jubel war grenzenlos, Mannheim zeigte sich geschockt. Dwayne Norris traf fünf Minuten vor dem Ende zum 2:1, und Köln war Meister. »Hicks, Hicks, Alex Hicks« riefen die Kölner Fans, und als die Mannschaft Stunden später mit dem Bus am Trainingsgelände eintraf, wurde sie von 6.000 Fans empfangen. Alle Spieler kletterten mit dem Meisterpokal auf den Bus und ließen sich feiern. Das Spiel war übrigens live auf dem Videowürfel der Kölnarena übertragen worden. Public Viewing lange vor der Fußball-WM 2006.

GRUND 73

Weil Moritz Müller und Christoph Melischko bei ihrer ersten Begegnung noch keine Freunde wurden

Man schrieb den 28.11.2006, die Kölner Haie empfingen den ERC Ingolstadt, und es wurde ein Gemetzel. Erst einmal das Sportliche: Köln fegte die als Tabellenführer angereisten Panther mit 10:0 vom Eis. Doch das Spiel ging wegen anderer Ereignisse in die Haie-Geschichte ein. Schon am Ende des ersten Drittels sind die frustrierten Ingolstädter deutlich auf der Verliererstraße. Haie-Stürmer Aaron Gavey fährt am gegnerischen Tor vorbei, Ingolstadts Torhüter Jimmy Waite macht einen Schritt nach vorn, Gavey touchiert ihn am Beinschoner. Sofort stürzen sich zwei Ingolstädter auf Gavey, seine Mitspieler eilen zu Hilfe herbei.

Eine nette Keilerei entwickelt sich, aus der Menge kristallisiert sich ein Faustkampf zwischen Moritz Müller und Christoph Melischko heraus. Die beiden schenken sich nichts; als sie getrennt werden, reißt Gavey Jimmy Waite die Maske vom Gesicht. Jetzt brechen alle Dämme, Ingolstadt stürzt sich auf Gavey, die Haie hinterher. Waite steht vor seinem Tor und fordert Kölns Torhüter Adam Hauser auf, herüberzukommen und sich mit ihm zu schlagen. Hauser schaut zur Bande, doch die Trainer wollen, dass er in seinem Kasten bleibt.

Durch dieses Spiel wurde der damals noch junge Moritz Müller zur Kultfigur, tatsächlich verlor er über Jahre hinweg nie einen Faustkampf. Müller suchte derartige Auseinandersetzungen nicht, aber wenn ihn jemand provozierte, steckte der technisch begabte Hobbyboxer nicht zurück. Kurioserweise wechselte Melischko zwei

Jahre später zu den Haien, beide Spieler wurden daraufhin ständig mit ihrer Schlägerei konfrontiert. Doch sie wurden schnell Freunde, beide sind privat eher ruhige Zeitgenossen. »Wir haben in dem Spiel beide dieselbe Reaktion gezeigt, von daher sind wir gar nicht so verschieden«, sagte Müller. Christoph Melischko war später sogar Gast auf Müllers Hochzeit. So ist das im Eishockey: Im Eifer des Gefechts fliegen schon mal die Fetzen, aber danach gibt man sich die Hand, und alles ist wieder gut.

GRUND 74

Weil Andreas Holmqvist abräumte

Andreas Holmqvist war durch nichts aus der Ruhe zu bringen. Bei den Kölner Haien genoss er seinerzeit in Mannschaftskreisen den Ruf, der Spieler mit dem »höchsten Coolness-Faktor« zu sein. Dass der Schwede in seinem ersten Jahr in Deutschland gleich punktbester Verteidiger der DEL und Spieler des Jahres wurde, brachte ihn folglich nicht aus der Fassung. Dafür freute er sich über die Einladung zur Eishockey-Gala nach Augsburg, wo die besten Spieler geehrt wurden. »Ich war sehr auf die Gala gespannt, so etwas gibt es in Schweden nicht. Ich fragte mich, ob das wohl wie bei den Oscars sein würde«, lachte Holmqvist. Mit Künstlern kennt er sich übrigens gut aus, in Schweden unterhält er eine Agentur für Musiker und Bands aller Genres.

2012 musste Holmqvist mit Djugarden Stockholm aus der schwedischen Elitserien absteigen. Dann kam er nach Köln, hatte großen Erfolg und sogar familiäre Bindungen an die Domstadt, denn in Köln brachte seine Freundin Linda den gemeinsamen Sohn Leon Piri zur Welt, es war das vierte Kind der beiden. »So ist das manchmal im Leben eines Eishockeyspielers«, sagte Holmqvist. »Man kann an einem Ort nicht mehr spielen, also geht man woandershin. Wir kamen nach Köln und mochten es sehr, also unterschrieb ich für zwei weitere Jahre.«

Bevor die Familie sich für einen Wechsel nach Deutschland entschied, erkundigte sie sich erst einmal ausführlich. »Ich habe mit Niklas Sundblad gesprochen, auch mit den ehemaligen Haie-Spielern Johan Akerman oder Daniel Rudslätt, sie hatten nur Positives zu berichten. Ich habe mit Akerman früher zusammengespielt, aber man kann immer auch Spieler anrufen, die man nicht persönlich kennt. Wir Spieler sind alle Freunde außerhalb der Eisfläche.«

Andreas Holmqvist wurde 2013 mit 50 Scorerpunkten (11 Tore) in 49 Spielen erfolgreichster Verteidiger der Liga, sein knallharter Schlagschuss war in der DEL gefürchtet. Um so weit zu kommen, musste der Schwede allerdings hart arbeiten. »Mein Bruder begann einst als Verteidiger, daher fing ich auch an und blieb dabei, während er in den Angriff wechselte«, erzählte er. »Den guten Schuss hatte ich noch nicht, als ich jünger war. Ich habe hart daran gearbeitet, es hat viel mit Technik und Übung zu tun, ich habe auch außerhalb des Eises im Sommer sehr viel daran gearbeitet. Wir haben immer Tore aufgestellt und aus allen Lagen geschossen, die kleinen Dinge machen es besser.«

Ein schwedischer Rechtsschütze mit einem harten Schuss sollte eigentlich auch in der NHL einen Job finden können. Man wurde tatsächlich auf das Talent aufmerksam, aber das Timing stimmte nicht. Im Jahr 2001 wurde Andreas Holmqvist von Tampa Bay gedrafted, eine NHL-Karriere sprang dabei aber nicht heraus. Holmqvist brachte es in Nordamerika nur zu Einsätzen in Minor Leagues. »Ich ging zu früh rüber«, sagte er später selbstkritisch.

»Ich kam aus einer armen Gegend, hatte hart arbeitende Eltern und war vielleicht zu gierig, als ich einen Vertrag für Nordamerika unterschrieb, statt noch zu warten, weil der Traum nah zu sein schien. Aber ich war damals mit 21 noch nicht bereit, noch nicht gut genug. Manche sind es schon mit 17, bei mir war das nicht der Fall.«

Holmqvist entschloss sich zur Rückkehr nach Schweden und hatte sofort wieder Erfolg: »Ich kam dann wieder heim und hatte das Glück, unter Nationaltrainer Bengt-Ake Gustavsson Weltmeister zu werden. Das war unglaublich.« Man schrieb das Jahr 2006, und Holmqvist nahm schmunzelnd zur Kenntnis, dass sein späterer Trainer Uwe Krupp damals zur selben Zeit mit Marco Sturm, Philip Gogulla und Felix Schütz gegen Israel um den Aufstieg in die A-Gruppe spielte. Vor dem deutschen Eishockey hatte er dennoch Respekt, hatte er doch gegen jedes DEL-Team mehrmals gespielt und kannte sich aus.

»Ich denke, die DEL ist eine gute Liga, es ist hier sogar härter für einen Verteidiger als in Schweden, weil man ständig von Forecheckern angegriffen wird«, erklärte er. »In Schweden hat man mehr Zeit, weil die Spieler sich an das System halten, hier spielen sie mehr ihre Rollen wie in Nordamerika. Dafür ist das technische Niveau in Schweden natürlich sehr gut.« 2015 beendete Andreas Holmqvist nach mehreren Verletzungen seine Spielerkarriere.

GRUND 75

Weil Lüde eine letzte Eiszeit hatte

Am 24. September 2016 fand das größte Abschiedsspiel in der Geschichte des deutschen Eishockeys statt: Mirko Lüdemann verabschiedete sich mit einer stimmungsvollen Gala in der Lanxess-Arena vom Kölner Publikum, über 12.000 Fans waren gekommen, mehr als am Tag zuvor beim Ligaspiel des KEC. Von 1993 bis 2016 trug Lüdemann das Trikot der Kölner Haie, absolvierte 1.197 Spiele in der Deutschen Eishockey Liga (DEL), insgesamt stand er weit über 2.000 Mal für die Haie auf dem Eis.

Zu Beginn des Abschiedsspiels wurde ein Banner mit Lüdemanns Namen und seiner Rückennummer 12 unter das Hallendach gezogen, wo der Verteidiger nun mit anderen Kölner Eishockey-Legenden wie Udo Kießling, Jörg Mayr oder Miro Sikora zur Vereinstradition zählt. Die 12 wird bei den Haien nie wieder ein anderer Spieler tragen. »Das war schon etwas Außergewöhnliches«, sagte der Jubilar. »Ich hatte schon ein paar Tränen in den Augen, als das Banner hochgezogen wurde. Überragend, was die Haie auf die Beine gestellt haben.«

Die »offizielle« Zuschauerzahl betrug übrigens 12.012 Besucher, noch eine Hommage an die berühmteste 12 des deutschen Eishockeys. Für »Lüdes letzte Eiszeit«, das Abschiedsspiel, traten viele ehemalige Haie-Spieler in zwei Teams an. Das »Team Deutschland« spielte gegen das »Team International«, welches von Hans Zach gecoacht wurde. »Bei solchen Spielen will man als Trainer nicht nerven, die Jungs stellen sich selber auf, und man steht lieber daneben und stört nicht«, freute sich Zach. »Es war mir immer eine Ehre, mit einem so charakterstarken und talentierten Spieler wie Mirko Lüdemann zu arbeiten.«

Lüdemann spielte in beiden Teams für je 30 Minuten mit, die Mannschaften trugen Repliken der Kölner Meistertrikots von 1995 und 2002, jenen beiden Jahren, in denen Lüdemann den Titel holte. Lüdemanns frühere Weggefährten freuten sich, dabei zu sein, und gaben Anekdoten zum Besten. »Als er ganz jung nach Köln kam, musste er noch mit einem Gitterhelm spielen, weil er minderjährig war«, erinnerte sich Andreas Lupzig. »Kontaktlinsen gab es damals nicht, Lüde trug eine Brille und die beschlug dauernd.«

Tino Boos, Meister mit Köln 2002, war besonders vom Rahmen des Spiels beeindruckt. »Die meisten von uns kriegen zum Abschluss ihrer Karriere eher einen Tritt in den Hintern«, lachte Boos. »Einen Abschied wie diesen muss man sich erst einmal verdienen.«

Thomas Brandl, aktuell Co-Trainer des Kölner DEL-Teams, schoss das erste Tor des Abends für Team Deutschland und erklärte, Lüdemann sei immer noch derselbe Typ wie 1993. »Ganz ruhig, ein bisschen müde, so wie man ihn eben kennt.« Eine Anspielung auf die stoische Ruhe, die Lüdemann in seiner Karriere ausstrahlte. »Der hat mich nicht ein einziges Mal auf die Palme gebracht«, bestätigte Hans Zach. Und das gelang bei »Alpenvulkan« Zach nicht vielen Spielern.

Lüdemann bestach auf dem Eis durch seine läuferischen Fähigkeiten, auch deshalb konnte er so viele Jahre auf hohem Niveau spielen. »Der Hund war einfach sauschnell«, sagte Berlins Ex-Nationalspieler Sven Felski, der seit seiner Kindheit mit Lüdemann befreundet ist und ihn über Jahrzehnte als Gegenspieler hatte.

Das Spiel endete übrigens 5:4 für Team Deutschland. Torschütze des Siegtreffers war Mirko Lüdemann, der für dieses Buch für ein Interview zur Verfügung stand:

Sie sind in der Eishockeystadt Weißwasser aufgewachsen, standen Sie als Junge im Freiluftstadion und schauten Ihren Idolen zu?
Mirko Lüdemann: »Nein, eigentlich nicht. Ich hatte mit dem Thema Eishockey nie eine Berührung, als ich noch klein war. Ich war kein Fan in dem Sinne.«

Wie kamen Sie dann zum Eishockey?
Lüdemann: »Wir wurden quasi rekrutiert von Dynamo Weißwasser. Jugendtrainer gingen durch die Schulen, schauten sich den Sportunterricht an und fragten, ob wir Lust hätten, Schlittschuh zu laufen. So ging das los, so erinnere ich mich jedenfalls.«

Das ist keine schlechte Idee, sollte man heute vielleicht wieder so machen. War das in der DDR flächendeckend so, um Talente früh zu erkennen?
Lüdemann: »Auf alle Fälle, so konnte man leichter Talente rauspicken, als wenn man eine Einladungsrunde macht, wo viele Kinder hingehen. So konnte man besser selektieren, sozusagen.«

Dann muss es Ihnen aber irgendwann Spaß gemacht haben?

Lüdemann: »Irgendwann ja, aber frag mich nicht wann. Man durchlief alle Altersstufen, und mit zehn Jahren oder so musste man sich entscheiden, ob man auf eine Sportschule geht oder ob man das nur so nebenbei macht. Ich habe mich dann für die Sportschule entschieden, dann wurden Schule und Training gezielt miteinander verbunden. Dann bin ich auch mal ins Stadion gegangen, vorher nicht.«

Für einen Eishockeyspieler in der DDR gab es damals nur die Perspektive, das ganze Leben lang gegen Dynamo Berlin zu spielen, oder?
Lüdemann: »Ja, das war auch schon vorher so gewesen (*lacht*). Ich hatte aber nicht die Intention, Profi zu werden. Ich wollte nur bis zu den Junioren und dann zur Handelsmarine gehen, das war mein Traum, Eishockeyspieler wollte ich gar nicht werden.«

Sie wollten in die große, weite Welt? Und dann spielten Sie komplett nur in Köln?
Lüdemann: »Na erst mal bin ich ja rumgekommen, mit 17 spielte ich für zwei Jahre in Kanada.«

In Fort McMurray. Das muss gleich nach der Wende ein großer Schritt gewesen sein.
Lüdemann: »Das war ein Abenteuer. Anderes Land, andere Kultur, mit der Sprache haperte es auch. Aber nach ein paar Monaten war diese Barriere überwunden, dann hieß es ›Feuer frei‹.«

Aber eine Karriere ganz in Nordamerika kam für Sie nicht infrage?
Lüdemann: »Es hat damals nicht hingehauen, vielleicht war ich nicht gut genug. Ich hätte aufs College gehen können, da gab es schon Angebote, aber mit 19 hatte ich andere Vorstellungen und wollte das eine oder andere Geldstück verdienen.«

Das gab es in der Bundesliga zu holen …

Lüdemann: »Es kam die Anfrage aus Köln, in Weißwasser wollte man mich auch zurück, aber Köln hatte das überzeugendere Angebot, und ich kam zu den Haien.«

Andreas Lupzig sagte bei Ihrem Abschiedsspiel, Sie hätten dann in Köln mit Brille gespielt, und die sei immer beschlagen gewesen …
Lüdemann: »Nee, das ist natürlich Quatsch (*lacht*). Mit Brille habe ich dann wahrscheinlich nur beim freiwilligen Training gespielt, weil ich zu faul war, die Kontaktlinsen einzusetzen.«

Als Sie 1993 nach Köln kamen, war die Ära Hardy Nilsson gerade vorbei, und Sie hatten Wladimir Wassiljew als Trainer. Stimmt es, dass Sie bei ihm im Training nichts trinken durften und barfuß mit einem Teamkameraden auf den Schultern übers Eis laufen mussten?
Lüdemann: »Das sind jetzt so Teilwahrheiten. Zu trinken haben wir nichts bekommen, das stimmt. Selbst wenn draußen 30 Grad waren. In den Trainingseinheiten gab es zwischendurch nichts, das ging so lange, bis mal einer umgekippt ist, dann hat man das ein bisschen revidiert. Ich kann mich aber gut erinnern, dass es meistens nichts zu trinken gab. Das Barfußlaufen gab es wirklich, aber mehr als auslaufen nach einer Trainingseinheit, da drehten wir unsere Runden barfuß im Stadtpark. Der eine oder andere ist dann auch mal auf der Wiese barfuß in eine Biene reingelaufen, das war dann unangenehm. Wir sind auch mit Leuten auf den Schultern die Treppen im Eisstadion hochgelaufen, aber nicht auf dem Eis.«

Immerhin wart ihr dadurch unglaublich fit und wurdet 1995 Meister …
Lüdemann: »Wir haben natürlich davon profitiert, dass wir im Sommer und in der Saison hart gearbeitet haben. Aber wie so oft musste man das Training auch mal reduzieren und von der Schinderei weggehen, das hat dann Wassiljews Nachfolger Bob Murdoch

gemacht. Wir hatten nicht so gut gespielt, weil es einfach zu viel war. Durch den neuen Trainer konnte sich der Körper erholen und die Energie freisetzen, die er über das Jahr hinweg aufgebaut hatte.«

So wurden Sie zum ersten Mal Meister?
Lüdemann: »Ja, das war sehr angenehm, schon im zweiten Jahr der Profikarriere gleich Meister zu werden.«

Danach kam das Bosman-Urteil, und alles wurde anders für deutsche Spieler …
Lüdemann: »Da wurde viel gekippt, es kam eine Ausländerschwemme, man versuchte, das zu bremsen, indem man vorgab, dass fünf Deutsche in jedem Team spielen mussten. Das hatte zur Folge, dass in Berlin der Materialwart lizenziert wurde.«

Lorenz Funk machte das, um zu zeigen, wie albern das System war.
Lüdemann: »Das hat man dann zurückgefahren, um die Nationalmannschaft auf Vordermann zu bringen. Viele Nationalspieler spielten zu der Zeit in der 2. Liga.«

Ihre Highlights waren zwei Meisterschaften, das legendäre Tor gegen Italien und der Spengler Cup, der oft gar nicht genug geschätzt wird?
Lüdemann: »Wir waren 1999 die erste deutsche Mannschaft seit 30 Jahren, die den Cup gewinnen konnte, seitdem hat das keine andere mehr geschafft. Wir hatten damals eine ziemlich gute Mannschaft und konnten gegen Spitzengegner wie Team Kanada und den HC Davos mithalten.«

Sie hatten immer gute Mannschaften, scheiterten aber oft im Finale.
Lüdemann: »Da war ich immer dabei, jedenfalls in der DEL. Es gab sehr knappe Runden gegen Krefeld 1993 im fünften Spiel, gegen Ingolstadt 2014 im siebten Spiel. Andere waren deutlicher, es sollte leider nicht sein. Ich bin aber froh, dass ich zwei gewinnen konnte,

eine als Kapitän 2002. Von daher bin ich glücklich, dass ich die Trophäe überhaupt zweimal in den Händen halten durfte.«

Wie war der Übergang nach der Karriere?
Lüdemann: »Man muss irgendwann selbstkritisch sein und sich fragen, ob man noch eine Saison spielen kann oder will. Und wenn dann ein Angebot kommt, auf die Geschäftsstelle zu wechseln, passt das gut.«

Sind Sie froh, nicht mehr in den Bus steigen zu müssen?
Lüdemann: »Auf alle Fälle. Die Jungs müssen donnerstags einsteigen und sich auf den Weg irgendwohin machen, das brauche ich nicht mehr zu tun. Am Anfang war die Umstellung wegen der Zeittaktung groß, weil es etwas anderes ist, acht Stunden ins Büro zu gehen, statt vier Stunden in der Halle zu sein und dann heim zu gehen.«

Sie sind nun in der Sponsorenbetreuung aktiv, tun Sie auch etwas für den Nachwuchs, wie es angedacht war?
Lüdemann: »Noch nicht, wir müssen erst einmal sehen, wie es Sinn ergibt. Der Haie-Nachwuchs ist bei Rodion Pauels in sehr guten Händen, und ich will ihm nicht ins Handwerk pfuschen.«

Wie empfinden Sie im Nachhinein Ihr Abschiedsspiel?
Lüdemann: »Das war für mich ein rundum gelungener Tag, vom morgendlichen Training mit den alten Weggefährten über das Spiel bis hin zum Abendessen. Ein großartiger Tag, der super organisiert war.«

Danach las man von Anekdoten, so habe 2002 Trainer Lance Nethery die Mannschaft einen Tag im Trainingszentrum eingesperrt, und einer aus dem Team musste nackt in Netherys Büro, das man in der Kölner Halle von außen aus einsehen kann?

Lüdemmann: »Wir mussten in der Halle bleiben und sind dann auf verrückte Ideen gekommen; wer beim Spiel verlor, musste ins Zimmer des Trainers und blankziehen, die anderen guckten von unten zu. Wir haben viel Blödsinn gemacht, Corey Millen haben wir mal die Haare geschnitten, weil er verloren hatte.«

Tino Boos und Andreas Renz sollen auch berichtet haben, dass Sie den Namen eines Spielers nicht mehr wussten, der in der Kabine zwei Jahre lang neben Ihnen gesessen hatte …
Lüdemann: »Der war nicht zwei Jahre bei uns, sondern nur ein paar Wochen. Und ich wusste nur seinen Vornamen nicht, aber ich kannte seinen Spitznamen, da ging das schon. Generell muss ich sagen, dass ich für solche Anekdoten ein ganz schlechtes Gedächtnis habe. Wenn Tino oder Andi so etwas ansprechen, wissen die immer noch alles, und ich habe das längst vergessen.«

Lüdemann, Boos, Renz – Große Namen einer großen Haie-Generation. Danach kamen Müller, Ankert, Gogulla. Wer wird wohl in ihre Fußstapfen treten?

GRUND 76

Weil Robert Müller noch einmal aufs Eis durfte

Die wohl emotionalste Geschichte in der Historie der Kölner Haie lieferte das Schicksal von Robert Müller, der am 21. Mai 2009 als Torhüter des KEC verstarb. Er wurde nicht einmal 29 Jahre alt.

Müller hinterließ eine Frau und zwei kleine Kinder, denen er zuletzt so viel Zeit wie nur irgend möglich widmete. Er war zweieinhalb Jahre lang unheilbar krank, hatte einen bösartigen Tumor im Kopf, den man nicht entfernen konnte.

Im Herbst 2006 war Müller noch Torhüter der Mannheimer Adler und reiste in jenem schicksalhaften November mit der Nationalmannschaft zum »Deutschland-Cup«, hatte die besten Torhüter-Jahre eigentlich noch vor sich. Doch vor dem ersten Spiel klagte Müller über Schwindelanfälle, die Trainer schickten ihn sofort zum Arzt. Die Diagnose war erschütternd, man fand in Müllers Gehirn ein »Glioblastom«, einen bösartigen Tumor, den man nicht komplett entfernen konnte, ohne bleibende Schäden anzurichten.

Es folgte eine erste Operation, in der es bereits nur noch darum ging, Müllers Leben zu verlängern. Eine vollständige Genesung galt als ausgeschlossen, weil die Krebszellen gegen jede Behandlung resistent sind. 97 Prozent der vergleichbaren Patienten sterben binnen fünf Jahren nach dem ersten Befund. Robert Müller war vor seinem Tod bereits über die mittlere Lebenserwartung hinweg.

Die komplette Wahrheit über Müllers Zustand drang damals noch nicht an die Öffentlichkeit, er galt als genesen und stand zu Weihnachten 2006 bereits wieder auf dem Eis. Doch Mannheim hatte sich inzwischen mit einem neuen Torhüter verstärkt und den Amerikaner Adam Hauser für die nächste Saison verpflichtet, so blieb Müller nur der Platz als Back-up. Zu Beginn der Saison 07/08 verließ er die Adler. Müller wechselte zum Tabellenletzten nach Duisburg, um noch einmal möglichst viel Eiszeit zu bekommen, schließlich wusste er nicht, wie viel Zeit ihm noch blieb.

Im November 2007 erhielt er eine letzte Titelchance, die Kölner Haie suchten einen Play-off-fähigen Goalie. Müller unterschrieb in Köln, wo er bis zu seinem Tod unter Vertrag stand.

Im Play-off-Viertelfinale traf Müller dann ausgerechnet auf Mannheim und Adam Hauser. »Mir bleibt auch nichts erspart«, seufzte er damals mit einem Augenzwinkern. Köln gewann in fünf Spielen, weil Müller das Torhüter-Duell für sich entschied. Das dritte Spiel der Serie dauerte sage und schreibe sechseinhalb Stunden, es war das zweitlängste Spiel der Eishockey-Weltgeschichte. Nach 168:15 Spielminuten war die Partie erst entschieden, Köln gewann mit 5:4, und Robert Müller blieb mehr als fünf Verlängerungen hintereinander ohne Gegentreffer.

Die Haie unterlagen erst im Finale gegen den damaligen Serienmeister Eisbären Berlin, Robert Müllers Traum von einer letzten Meisterschaft hatte sich damit nicht erfüllt. Er wurde immerhin noch für die WM in Kanada nominiert und holte im Tor der Nationalmannschaft einen überraschenden Sieg gegen die Slowakei.

Die Spiele der WM sollten die letzten Auftritte Müllers unter Wettkampfbedingungen sein. Im Sommer 2008 musste er zum zweiten Mal operiert werden. Offiziell handelte es sich dabei um die Entnahme einer Gewebeprobe, doch es ging längst um Leben und Tod. Müller begann trotzdem wieder mit dem Training, als die Saison begann. »Es geht Schritt für Schritt voran«, sagte er damals optimistisch, nie mit seinem Schicksal hadernd, das wenige Wochen später öffentlich bekannt wurde. Müller hatte seinen behandelnden Arzt von der Schweigepflicht entbunden, die volle Wahrheit über die Tragödie kam somit ans Licht.

Im November 2008 verletzte sich Kölns zweiter Torhüter, Robert Müller lief noch einmal als Ersatzspieler ein. Eiszeiten waren eigentlich nicht geplant. Dann folgte ein Heimspiel gegen Nürnberg. Zehn Minuten waren noch zu spielen, Köln führte 4:1. Plötzlich erhob sich Müller von seinem Platz ganz links neben der Spielerbank, drehte sich um, griff sich einen Torwartschläger.

Die ersten Fans reagierten, riefen seinen Namen. Als Robert Müller sich schließlich die Maske aufsetzte, gab es auf den Rängen kein Halten mehr, die Menschen erhoben sich von ihren Plätzen und applaudierten, manche lächelten verlegen, andere ließen ihren Tränen freien Lauf. Kurz darauf fiel das 5:1, das Spiel war gelaufen. Robert Müller lief aufs Eis und stellte sich vor den Kasten.

»Ich war völlig perplex, als Trainer Clayton Beddoes sagte, ich solle mich bereit machen«, sagte Robert Müller sichtlich bewegt nach dem Spiel. »Das war nicht abgesprochen, und es zeigt auch, was für ein Mensch er ist.« Die Mitspieler fuhren zu Müller, gaben ihm aufmunternde Worte mit auf den Weg. »Jedem von uns schossen in dem Moment die Tränen in die Augen«, sagte Verteidiger Andreas Renz.

Nach dem Spiel fuhr Robert Müller seine ganz persönliche Ehrenrunde, der Familienvater bedauerte dabei nur eines: »Meine Kinder konnten nicht dabei sein, weil mein Kleiner krank ist.« Eine Woche darauf erhielt Müller in Krefeld, wo er 2003 Meister geworden war, eine ähnlich bewegende Eiszeit.

Robert Müller wurde von Anhängern aller Klubs gleichermaßen geliebt, die Anteilnahme kannte keine Vereinsbrillen. »Das ist unglaublich, ich kann mir das gar nicht erklären«, sagte Müller nach seiner letzten Eiszeit mit leiser Stimme und richtete den Blick zur Seite. »Ich habe immer versucht, mich allen Menschen gegenüber korrekt zu verhalten, vielleicht spielt das eine Rolle. Ich muss mit dieser Krankheit leben«, sagte er abschließend. Dabei hat ihm die Eiszeit geholfen: »Eishockey zu spielen ist das Größte für mich.«

In den folgenden Wochen ging es mit Müllers Gesundheitszustand ständig bergab, an ein Training war nicht mehr zu denken. Nach der Saison zog er sich stark geschwächt nach Rosenheim in sein Haus zu seiner Familie zurück.

Der damalige Haie-Geschäftsführer Thomas Eichin äußerte sich erschüttert über Müllers Tod: »Wir sind tief betroffen und sehr traurig. Robert war ein großartiger Mensch und eine starke Persönlichkeit. Er hat uns allen sehr imponiert und diente vielen Menschen nicht nur sportlich als Vorbild. Robert Müller wird eine große Lücke hinterlassen. Unsere Gedanken sind bei seiner Familie. Wir wünschen ihr viel Kraft in dieser schweren Zeit.«

Weder die Kölner Haie noch ein anderer Klub werden Müllers Rückennummer 80 jemals wieder vergeben. Ein Banner mit Müllers Namen und Nummer hängt am Dach der Lanxess-Arena neben den anderen KEC-Legenden.

GRUND 77

Weil Moritz Müller mal ausrastete

Es geschah am 10. Januar 2016, die mitten in einer Krise steckenden Kölner Haie spielten in Iserlohn. Die Roosters befanden sich gerade im Höhenflug, sie mischten die Liga auf und waren zu Hause quasi unschlagbar. Das Spiel wurde live bei Servus TV übertragen, Haie-Trainer Niklas Sundblad erklärte vor der Partie, man sei »gut vorbereitet«. Und dann klingelte es schon nach 69 Sekunden im Kölner Tor, die Roosters überrollten die Haie. Nach 26 Minuten stand es bereits 4:0, Köln ergab sich seinem Schicksal. Nur Haie-Kapitän Moritz Müller wehrte sich, er zettelte eine Schlägerei mit Iserlohns Colton Teubert an, die er auch noch verlor.

Nach dem zweiten Drittel stand es 6:1, Müller stapfte frustriert zur Kabine, da holte ihn Field-Reporter Konstantin Klostermann zum Interview. Es sollte ein Gespräch mit langem Nachhall werden, denn Müller kritisierte in den wenigen Minuten nicht nur die eigene Mannschaft, sondern auch den mit eingebürgerten Nordamerikanern gespickten Gegner. Er bezeichnete die Roosters als »abgetakelte kanadische 1c-Nationalmannschaft« und forderte die Liga auf, etwas gegen die Personalpolitik der Sauerländer zu unternehmen.

Das Thema kam nicht aus heiterem Himmel, bereits in der Vorsaison hatte Müller kritisiert, dass Nachwuchsspieler keine Chance bekommen, wenn Vereine wie Iserlohn gleich ein Dutzend Profis aus Nordamerika importieren und verdächtig schnell einbürgern. Bei den Roosters spielten damals nur zwei Akteure, die in Deutschland ausgebildet wurden.

Im Sommer hatte Müller noch gesagt, er wolle mit der Kritik warten, bis die Haie wieder oben stehen, damit man ihm nicht nachsagen könne, er sei nur ein schlechter Verlierer. Doch im Januar geschah genau dies, denn nach einem 1:6 und einem verlorenen Fight zog Müller mit seiner genau in so einem Moment geäußerten Kritik natürlich Häme auf sich. Aber manchmal braucht der Mensch eine gewisse Rage, um aus seinem Herzen keine Mördergrube zu machen. Klostermann erinnert sich: »In dem Moment war mir schon bewusst, dass es kein Standard-Drittelpausen-Interview werden würde, aber die dann folgende Entwicklung habe ich nicht erwartet.«

Nachdem Müller die Iserlohner Politik kritisiert hatte, wollte Klostermann das Thema wieder auf das laufende Spiel lenken und holte den schon abtretenden Müller noch einmal zurück vor die Kamera. »Ich habe die Leistung der Haie dann als ›blutleer‹ bezeichnet, obwohl mir schon klar war, dass da ein Spieler mit zerkratzter Nase vor mir stand, der sich gerade einen Fight geliefert hatte«, blickt Klostermann zurück. Zum Glück kennen sich Müller und Klostermann seit vielen Jahren gut, durch seine Arbeit für Radio Köln und das Kölner Lokalfernsehen ist Konstantin Klostermann bei den Haien schon lange prominent.

Selbst ein Jahr nachher kann sich Klostermann noch sehr gut an die Situation erinnern. »In den Tagen danach wurde ich oft auf die Situation angesprochen«, blickt er zurück. Und noch etwas blieb ihm im Gedächtnis: »Das Tempo der sozialen Netzwerke. Gefühlte 30 bis 60 Sekunden nach dem Interview hatten sich Moritz Müllers Aussagen in der Halle bereits herumgesprochen, die Iserlohner Fans riefen Sprechchöre gegen ihn und feuerten ›Team Canada‹ an.«

Müller selbst legt im Nachhinein Wert darauf, dass er nichts gegen Iserlohn hat, sondern dass es ihm um das System an sich geht. »Nach dem Interview hatte ich viel positive Resonanz, vor allem aus dem Kreis der Nationalmannschaft«, blickt er zurück. »An dem Tag brach es aus mir heraus, ich wollte damit aber nicht die Roosters angreifen, sondern die Tatsache, dass ihre Verhaltensweise überhaupt möglich ist. Wenn ich dort Manager wäre, würde ich wahrscheinlich genauso handeln, weil ich nicht das Budget von Mannheim oder München hätte.«

Müller wollte die DEL auffordern, etwas zu ändern. »Wir müssen junge Spieler entwickeln und ihnen eine Chance geben«, sagt er. »Vielleicht sinkt dann drei, vier Jahre das Niveau, aber wir müssen langfristig denken und mit jungen Spielern die Nationalmannschaft stärken, damit wir irgendwann einmal um Medaillen spielen können. Nur so macht man die Sportart populär, das sieht man überall.« Müller legt den Finger in die Wunde: »Bei uns müssen junge Spieler in die vierte Reihe zum Checken und Schüsseblocken, obwohl das vielleicht gar nicht ihrem Talent entspricht. So verlieren sie wichtige Jahre. In Schweden oder Finnland spielen die Powerplay, wenn sie das Talent dazu haben. Das hat man auch in der CHL gesehen.«

Natürlich ist sich auch Moritz Müller bewusst, dass im Tagesgeschäft Profi-Eishockey jeder nur ans laufende Geschäft denkt. »Genau deswegen muss von der Liga vorgegeben werden, dass junge Spieler gefördert werden müssen. Wir brauchen Strukturen, die die Nachwuchsförderung regeln. Auch in Iserlohn wären die Fans viel glücklicher mit Spielern aus ihrer Stadt, die sich für ihren Verein voll reinhängen. Und das kam damals in dem Interview mal alles raus, da hatte sich viel angestaut.«

Moritz Müller hofft, dass sein »Ausbruch« vielleicht sogar etwas bewirkt hat. »Die DEL hat gegen eine Ausweitung der Ausländerplätze gestimmt«, sagt er. »Vielleicht hat das Interview ein wenig dazu beigetragen, dass mehr über das Problem nachgedacht wurde.«

In jedem Fall wäre es wünschenswert, dass sich mehr Spieler so offen und ehrlich äußern wie Moritz Müller damals in Iserlohn. Man muss nicht erst 1:6 zurücklegen und eins auf die Nase bekommen haben.

GRUND 78

Weil Philipp Walter heiser war

Philipp Walter ist aktuell Mediendirektor des Fußball-Bundesligisten SC Freiburg. Davor war er ein Dutzend Jahre lang bei den Haien, erst als Pressesprecher, dann in der Marketing-Abteilung. Aber bekannt wurde der gebürtige Badener als Reporter bei Radio Köln. Walter war eigentlich als ruhiger Mensch bekannt, der leise sprach und selbst im Winter im T-Shirt durch die Eishallen pilgerte. Umso erstaunlicher waren seine emotionalen Ausbrüche während der Play-offs 2002. Walter berichtete von allen Spielen der Haie live im Radio, und die Partien waren hochdramatisch.

Im Halbfinale spielten die Haie in München und mussten ins Penaltyschießen. Damals gab es das noch in den Play-offs, heute wird gespielt, bis das nächste Tor fällt. Das Penaltyschießen stand auf des Messers Schneide, als Alex Hicks für die Haie anlief. Hicks lief sehr weit links an, zögerte den Schuss hinaus und geriet dadurch in einen zu spitzen Winkel, Mannheims Torhüter Mike Rosati machte die Ecke zu, da war kein Platz mehr für einen Puck.

Als Hicks schon die Grundlinie erreicht hatte, schoss er doch noch – und der Puck zappelte im Netz.

»TOR TOR TOR«, brüllte Walter. »Wie hat der den denn rein gemacht, der war doch schon weg???« Seine Stimme überschlug sich. Als München dann seinen letzten Penalty vergab, standen die Haie im Finale, und Walter war Kult. »Sein heiseres »Tooor für die Kölner Haie« wurde Jahre später noch als Teil des Einlaufvideos über den Videowürfel in der Arena eingespielt.

Philipp Walter war die Reaktion erst einmal peinlich. »Da macht man jahrelang gute journalistische Arbeit, und keinen interessiert es«, bedauerte er. »Dann flippt man mal aus und alle überschlagen sich vor Begeisterung.« Im Finale gegen Mannheim legte Philipp Walter noch einen drauf, er brüllte bis zum Anschlag mit kieksender, heiserer Stimme, dass man auch ohne Radio bis Köln hätte hören können, dass die Haie Deutscher Meister waren.

Für die Fans waren Philipp Walters Emotionen Kult, sie begeisterten auch jene Radiohörer, die nur zuhörten, weil der Apparat halt gerade lief. Das war Werbung für den Eishockeysport und die Kölner Haie. Und ein weiterer Grund, die Kölner Haie zu lieben.

GRUND 79

Weil John Tripp seinen Schläger verlieh

Es war im Januar 2013, die Kölner Haie gewannen mit 4:3 gegen die Hamburg Freezers. Im Mittelpunkt stand Haie-Kapitän John Tripp, den der übertragende TV-Sender Servus TV mit einem Mikrofon ausgestattet hatte, damit wurde er zum sog. »Cable Guy«. Während des Spiels verlor Haie-Stürmer Philip Riefers seinen Schläger und lief zur Spielerbank, wo Tripp ihm kurzerhand sein eigenes Spielgerät reichte. Riefers schnappte sich den Schläger und kam genau richtig, um mit einem Konter mitzulaufen. Tripp sah die Szene und rief laut: »He's gonna score with my stick!«

Tatsächlich wurde Riefers kurz darauf angespielt und traf mit Tripps Schläger ins Tor. »That's my stick, that's my stick, good job«, brüllte Tripp. Riefers gab ihm den Schläger zurück und Tripp kommentierte: »Gimme that fuckin'thing back!«

Für diese Szene wurde Tripp zum »Cable Guy des Jahres« gewählt. John »Hans« Tripp war in der Ära Uwe Krupp der verlängerte Arm des Trainers und ein Eishockeyspieler, wie er im Buche steht. Ein Kerl wie ein Baum mit einer markanten Zahnlücke und einem liebenswürdigen Wesen – sofern man ihm nicht auf dem Eis begegnete.

2013 war ein Jahr der Auszeichnungen für die Haie. Uwe Krupp wurde als erster Kölner Coach seit Hardy Nilsson zum Trainer des Jahres gewählt. Krupp nahm es gewohnt sachlich: »Wenn eine Mannschaft eine gute Saison spielt, wird am Ende jemand ausgezeichnet, der einen Anzug trägt«.

Ein anderer Haie-Spieler wurde gleich doppelt ausgezeichnet: Andreas Holmqvist wurde Spieler des Jahres und Verteidiger des Jahres.

KAPITEL 6

DIE FANS

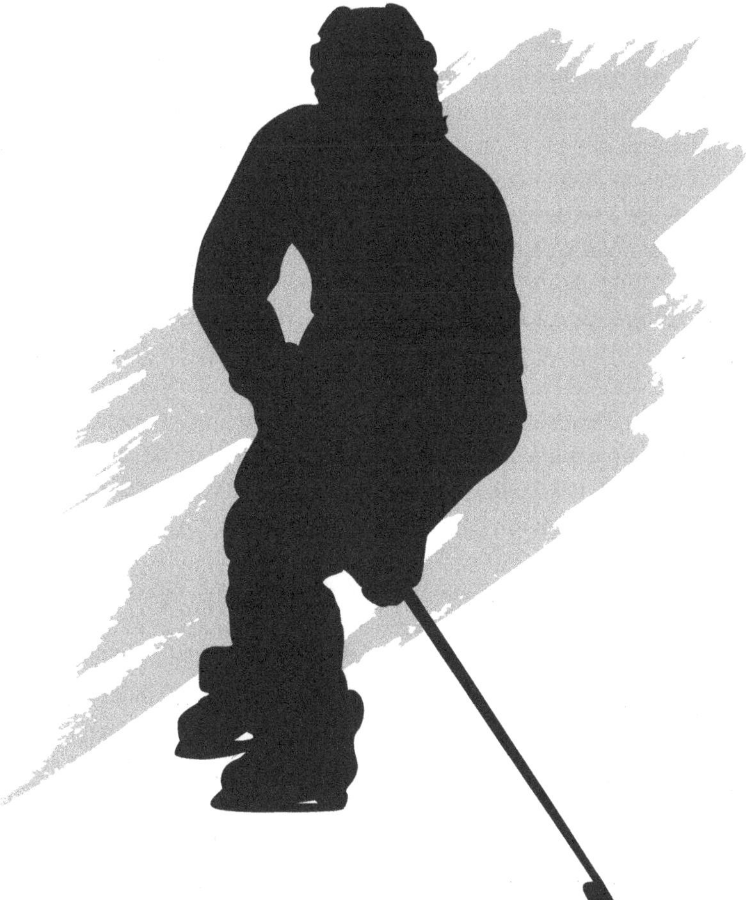

GRUND 80

Weil jedes Haie-Spiel ein »Haimspiel« ist

Die Menschen bleiben über Jahrhunderte immer gleich, aber die Technik verändert sich rasant. Noch vor 20 Jahren gab es keinen Mobilfunk und kein Internet. Wer damals publizieren wollte, musste drucken. So gab es auch im Eishockey viele Zeitungen, die von Fans in Eigenregie hergestellt wurden. Da wurde getippt, kopiert, gedruckt, geheftet und sortiert. Dann wurde die Fanzeitung verteilt (ein Verkauf wäre eher schwierig gewesen). Nur so konnten sich Fans der breiten Öffentlichkeit mitteilen, von Auswärtsfahrten berichten oder eigene Interviews mit Spielern machen, da der Platz hierfür in den herkömmlichen Medien leider viel zu knapp ist.

In einer normalen Tageszeitung reicht der Platz für Eishockey in der Regel nur dazu aus, um die Leser über das aktuelle Geschehen zu informieren. Für tiefer gehende, fachspezifische Interviews ist da selbst in der Fachpresse meist kein Platz. Heute bietet die moderne Technik dem Fan ganz andere Möglichkeiten, er kann wie jeder Mensch jederzeit weltweit live berichten und zeigen, was er gerade erlebt. Bei den Haien übernimmt das vor allem der Verein »Haimspiel«, ein Fanmagazin, das umfassend über die Haie berichtet. Alle Spiele werden live im Internet-Radio übertragen, die Haimspiel-Leute machen sich nach Feierabend auf, fahren zu allen Spielen des KEC und berichten.

Wer einmal im tiefsten Winter bei Spielen unter der Woche nach Straubing oder Augsburg gefahren ist, kann sich vorstellen, dass dieses Hobby nicht immer angenehm ist. Man muss es mögen. »Einige unserer Reporter opfern jedes Jahr die Hälfte ihres Urlaubs, um zu jedem Spiel fahren zu können«, sagt Haimspiel-Gründer Dennis Wegner. »Andere können aus beruflichen Gründen oft Monate gar nicht zum Eishockey. Wir haben auch Studenten, bei denen es einfacher ist, sich für Spiele frei zu machen.«

Die Strapazen sind groß, wenn man nach Feierabend zu jedem Spiel fährt. Staus drohen, technische Probleme an den Standorten müssen bewältigt werden. Dann muss man nach getaner Arbeit übermüdet wieder zurück nach Köln, kommt dort erst spät wieder an. »Wenn man dann den Dom sieht, dann weiß man, dass man es geschafft hat, und alles ist wieder gut«, lächelt Wegner. Am Anfang hatte Haimspiel auch Probleme mit der Akzeptanz bei den DEL-Klubs. Es war nicht leicht, überall eine Presse-Akkreditierung und die technischen Bedingungen für eine Internetübertragung zu bekommen. Das hat sich mittlerweile gewandelt.

Natürlich hat die Berichterstattung der Fanmagazine keinen Anspruch auf Objektivität, so etwas wollen die Fans auch gar nicht lesen. Sie wollen mehr über ihre Spieler erfahren, wollen Informationen, die sie von anderen Medien nicht bekommen können. Da ist die Gefahr natürlich groß, dass man zum unkritischen Hofberichterstatter wird.

»Wir sind aber unabhängig von den Haien«, betont Wegner. »Wir nennen uns ›Fanmagazin‹, um die Nähe zu den Fans zu zeigen, aber wir sind kein Sprachrohr des Vereins, wie zum Beispiel das Fanradio in Düsseldorf, das auf der offiziellen Internetseite der DEG eingebunden ist und auch finanziell unterstützt wird. Wir finanzieren uns über Beiträge unserer Mitglieder und Abonnenten.«

Die Fans wollen alles über ihre Lieblinge erfahren, und es gibt schließlich viel mehr zu berichten als das, was in der Morgenzeitung steht. Und deshalb fragt Haimspiel die Spieler auch schon mal nach Details aus ihrer langen Karriere, fragt die Trainer nach taktischen Finessen. Im Internet ist viel Platz, dort herrscht kein Zwang, in knappen 80 Zeilen alle aktuellen Ereignisse unterzubringen. »Trotzdem müssen auch wir auf die Länge unsere Beiträge achten«, sagt Wegner. »Man kann genau messen, wie lange die Leser bei den Texten bleiben, und dabei haben wir festgestellt, dass man im Schnitt nur für zwei, drei Minuten bei einem Text bleibt; wir versuchen daher, unsere Texte so zu gestalten, dass sie innerhalb dieser Zeit gelesen werden können.«

Doch die Fanmagazine werden für ihre Arbeit selten entlohnt, können oft froh sein, wenn sie nicht noch draufzahlen müssen. Deswegen kommt ihre Arbeit einer ehrenamtlichen Tätigkeit gleich. Es braucht viel Liebe zum Verein und viel Herzblut, um aus jedem Spiel der Haie ein Haimspiel zu machen. Ob das Fanradio zukünftig noch eine große Rolle spielen wird, muss man abwarten. Die Telekom überträgt mittlerweile jedes Spiel der Haie im Fernsehen, das ist natürlich reizvoller, als sich aus zweiter Hand ohne Bilder informieren zu lassen. »Wir haben schon einen Rückgang zu verzeichnen, seit jedes Spiel im TV übertragen wird«, sagt Wegner. »Aber der Rückgang ist nicht bedrohlich.«

Dennis Wegner und sein Team riefen auch den jährlichen Trikotwettbewerb ins Leben, mit dem sich Fans jedes Jahr an der Gestaltung der Spielertrikots für die kommende Saison beteiligen können. Wegner war auch maßgeblich an Rettungsaktionen beteiligt, als die Haie 2009 kurz vor der Insolvenz standen.

GRUND 81

Weil sie den Gold-Club der Dauerkarteninhaber haben

Eishockeyfans sind treu, Haie-Fans sowieso. Man wechselt in seinem Leben schon mal den Beruf, den Wohnort, den Ehepartner, was auch immer – aber seinem Verein bleibt man treu, wo immer man auch lebt, was immer man auch tut, mit wem auch immer man zusammen ist. Die Kölner Haie wandten sich im Frühjahr 2016 an die Treuesten der Treuen, an Fans, die seit mindestens 25 Jahren eine Dauerkarte besitzen. Der »Club der goldenen Haie« wurde gegründet. Und man fand Fans, die seit mehr als 45 Jahren zu den Haien gehen.

Die Treue der Anhänger wurde in einem sehr würdigen Rahmen honoriert, bei einem ausverkauften Derby gegen die DEG liefen die Jubilare auf einem roten Teppich durchs Haiemaul und bekamen schwarz-goldene Ehrentrikots überreicht. Detlef Langemann und Udo Kießling überreichten die wertvollen Trikots persönlich. Einige besonders langjährige Inhaber wurden von ihren Enkeln oder Kindern vertreten.

Es war gar nicht so einfach, alle Kandidaten zu finden. Modernes Ticketing gibt es noch nicht lange, früher gab es Karteien, auf denen die Namen der Dauerkarteninhaber festgehalten wurden. Doch ob diese wirklich vollständig waren? Außerdem gab es Änderungen bei Namen, Adressen, was auch immer. So musste eine Umfrage unter den Fans selbst her, damit diese mit alten Belegen nachweisen konnten, zum Kreis der Auserwählten zu gehören.

Vor 25 Jahren war die Eishockeywelt eine andere als heute. Eine Dauerkarte war damals ein bedrucktes Stück Papier, an dessen Rand die Heimspiele nummeriert aufgeführt wurden. Bei jedem Spielbesuch wurde bei der entsprechenden Nummer ein Loch hineingeknipst, die Karte somit entwertet. Die Fans trugen damals nicht nur Trikots ihrer Lieblinge, sondern auch viele selbst gestrickte Pullis in den Vereinsfarben. Eishockey war damals nämlich noch an fast allen Orten eine verdammt kalte Angelegenheit. Im Kölner Eisstadion an der Lentstraße war das Dach geschlossen, doch an vielen Standorten wehte im Winter eiskalter Wind auf die Tribünen.

In Mannheim oder Schwenningen brachten viele Fans leere Getränkekästen mit zu den Spielen, auf die sie sich dann stellten, um am Rande der Tribünen überhaupt die Eisfläche sehen zu können. Man stand dann praktisch im Freien, bei Minusgraden. Eine Dauerkarte war damals eine echte Erleichterung, denn die Hallen waren klein, und die Spiele waren oft ausverkauft. Heute hat man die Dauerkarte in Köln hauptsächlich, um sich den langjährigen Stammplatz zu sichern. Dann sitzt man mit Popcorn und Getränken in der kuscheligen Multifunktionsarena. Die Zeiten ändern sich, der Club der goldenen Haie hat alles hautnah miterlebt.

Wer seit 45 Jahren oder länger zu den Haien geht, hat es mehr als verdient, öffentlich gewürdigt zu werden. Folgende Zuschauer sind nach Angaben der Haie seit den Gründerjahren dabei: Sieglinde Brentrup (45 Jahre), Peter Brentrup (45), Ingrid Doborosky (45), Heinz Doborosky (45), Jakob Eulenpesch (45), Willi Hemmersbach (45), Frank Keuthen (45), Josef Keuthen (45), Hans Georg Korczak (45), Franz Scholz (45), Karl Vogel (45), Werner Blümling (45), Brigitte Dietz (44), Hans Dietz (44), Peter Wirges (42), Renate Krutzke (41), Dieter Kruzke (41), Willi Baum (40).

GRUND 82

Weil sie (fast) immer in »Rut un Wiss« spielten

Farben sind für die Identifikation der Fans mit ihrem Verein fast genauso wichtig wie der Name. Blau-Weiß, Rot-Weiß, oder Schwarz-Gelb haben in den jeweiligen Vereinen Kultstatus, jede Abweichung käme einem Skandal gleich. Die Kölner Haie spielten sehr zum Vergnügen ihrer Anhänger fast immer in den Kölner Stadtfarben Rot und Weiß. Es gab aber auch Ausnahmen, das erste Reihe Trikot der Haie Trikot in den Siebzigern war blau. Die Kölner spielten in den frühen Neunzigerjahren auch einmal eine Saison komplett in Blau mit dem Sponsor eines alkoholfreien Bieres auf der Brust. Das war für die Fans beides nicht leicht zu schlucken.

Heute gibt es neben roten, weißen und schwarzen Trikots (neben einem Heim- und einem Auswärtstrikot braucht man auch immer ein drittes Ausweichtrikot) auch immer wieder Variationen mit anderen Farben wie zum Beispiel einem blau-gelben Hemd, als die Haie viele schwedische Spieler in ihren Reihen hatten. Der größte optische Fehltritt der Haie-Geschichte kam ausgerechnet im Meisterjahr 1995. Damals hatten die Kölner einen Elektromarkt als Hauptsponsor, der in den Farben Gelb und Schwarz auftrat. Deswegen mussten auch die Kölner in diesen Farben spielen und wurden darin Meister, wodurch die ungewöhnliche Konstellation bis heute nachhaltig im Gedächtnis geblieben und auf vielen Fotos verewigt worden ist.

Problematisch war damals auch, dass derselbe Hauptsponsor auch den Liga-Konkurrenten aus Mannheim unter Vertrag hatte. Die Kurpfälzer spielten ebenfalls in Schwarz-Gelb mit demselben Aufdruck. Bei Spielen zwischen Köln und Mannheim wurde es dann mitunter unübersichtlich, weil Schwarz-Gelb gegen Gelb-Schwarz spielte.

So mancher Fehlpass mag durch die optische Verunsicherung verursacht worden sein, für die Zuschauer war es sehr anstrengend, die Spiele zu verfolgen. Eishockey ist ein sehr schnelles Spiel, und viele ungeübte Besucher können dem Puck kaum mit den Augen folgen. Wenn dann noch alle Spieler irgendwie gleich aussehen, wird es kompliziert.

Zum Glück blieb den Kölner Anhängern bis heute aber eine ähnliche Schmach erspart, die ihren Düsseldorfer Kollegen Schmerzen bereitete. Denn die DEG hatte in den Neunzigern einen Hersteller von Computer-Druckern zum Sponsor und musste in Türkis spielen. Gerade die Auswärtstrikots mit türkisen Hosen und türkisen Hemden sahen eher wie Pyjamas aus, weniger wie Sportshirts. Das Geld ist im Eishockey eben traditionell knapp, da muss man viele Kröten schlucken und auch schon einmal die eigene Identität verpfänden, um zu überleben.

Doch gerade die Identität ist für die Fans sehr wichtig. Man kann nicht wie in Amerika einfach ein Team in eine Stadt pflanzen und dann erwarten, dass alle Leute hurra schreien und dorthin pilgern. Der Fan braucht für seinen Klub einen Namen, zwei Farben, und eine Verbindung zu seiner Heimatstadt.

Das erste Jahr mit flächendeckender TV-Übertragung im Eishockey liegt hinter uns. Nach großen Problemen mit der DEL-Website hat sich am Ende alles gut entwickelt, und man hat so viel Eishockey im TV gesehen wie nie zuvor. In die NHL kann man auf anderen Kanälen reinschauen, kann sich die Rosinen unserer tollen Sportart herauspicken. Nur eines schaut man sich eigentlich nie an: die Champions Hockey League, die CHL. So hat die CHL jüngst in ihrer Generalversammlung festgestellt, dass sie »als weniger wichtig als die nationalen Ligen wahrgenommen werden«. Ein Phänomen, das seit den 80ern bekannt ist. Das hat die CHL immerhin schon mitbekommen, aber dann folgte ein Satz, der nichts Gutes ahnen lässt: »Die Fans erkannten nicht die Stärken des Wettbewerbs und die Qualität der Spieler.«

Nun ist man nicht unbedingt ein Marketing-Experte, aber kann man seine Kundschaft dadurch gewinnen, dass man sie für zu doof erklärt? Abgesehen davon darf man zu 100 Prozent überzeugt sein, dass die Fans sehr wohl erkennen, dass die CHL hochklassiges Eishockey bietet und die nationalen Ligen deutlich übertrifft (jedenfalls die DEL, ist ja auch nicht so schwer). Doch der Fan will in erster Linie Spannung und Identität.

Natürlich weiß er auch gute Technik der Spieler zu schätzen, aber die Spannung ist das A und O. Und Spannung gibt es, wenn man Gegner hat, die man unbedingt schlagen will. Das sind in erster Linie Lokalrivalen, mit denen man um die Vorherrschaft im jeweiligen Gebiet kämpft. Die Fans singen »Die Nummer 1 am Rhein (oder wo auch immer) sind wir!«. Genau darum geht es im Eishockey. Wenn Frankfurt gegen Kassel spielt, sind die Hallen voll. Egal in welcher Liga, es ist ein Hessenderby. Liebe CHL: Der Fan ist nicht doof, er will nur etwas anderes als das, was ihr anbietet. Aber das ist eigentlich seit langer Zeit bekannt, deswegen wundern eure Aussagen schon ein wenig.

Man darf gespannt sein, ob man in seiner Lebenszeit mal eine erfolgreiche europäische Liga erleben werde. Mit dem aktuellen Konzept und den aktuellen Aussagen ist das wohl eher unwahrscheinlich. Tipp des Tages: Wenn ihr die Fans in die Hallen holen wollt, dann gebt ihnen, was sie sehen wollen. Und hört ihnen zu.

GRUND 83

Weil sie Frauen und Kinder haben

Nachwuchsförderung beschränkt sich bei den Kölner Haien nicht nur auf die aktiven Sportler, auch die Fans werden früh abgeholt, dafür gibt es den »Haie Kids-Club«. Dort können sich Kinder anmelden und erhalten viele Vergünstigungen, als Höhepunkt wird jeden Monat ein Kind ausgelost, das beim Eröffnungsbully symbolisch den Puck einwerfen darf. Aber auch so lohnt sich die Mitgliedschaft für den kleinen Fan, man bekommt bei Anmeldung ein Willkommenspaket mit Souvenirs, Grüße am Geburtstag, Rabatt auf Fanartikel, man kann seine Idole auch abseits der Eisflächen kennenlernen und einen Blick hinter die Kulissen werfen.

Mit Maskottchen Sharky und Haie-Legende Mirko Lüdemann gingen Kids-Club-Mitglieder schon mal auf Tour durch die Lanxess-Arena. Als Highlight klatschten die Kids ihre Idole direkt vor dem Eingang zur Kabine ab. Und die waren schließlich auch einmal kleine Kids, die ihre Idole anhimmelten (außer Mirko Lüdemann, der sich für Eishockey erst interessierte, als er schon fast erwachsen war, er wollte ja zur Handelsmarine).

Vor Weihnachten trifft man sich mit anderen Kids zum Keksebacken, an Karneval nimmt man gemeinsam am »Veedelszoch« teil. Man teilt sich das schöne Hobby mit Gleichaltrigen, lernt neue Freunde kennen und bekommt Kontakt zu seinen Idolen – was will man mehr? Die leuchtenden Kinderaugen sagen alles.

Dies gilt übrigens nicht nur für Jungen! Auch Mädchen und Frauen können beim KEC Eishockey spielen. Die »Cologne Brownies«

sind Teil des KEC und verdienen ein eigenes Buch mit 111 Gründen, sie zu lieben. Die Brownies haben sogar schon einmal einen »Girlsday« veranstaltet, um Mädchen für den Eishockeysport zu gewinnen. Mädchen im Alter von 5–10 Jahren konnten sich unter kompetenter Anleitung einmal selbst in eine Eishockey-Ausrüstung werfen, um die tollste Sportart der Welt auszuprobieren.

Die deutschen Eishockey-Frauen sind übrigens erfolgreicher als die Herren. Sie wurden bei der WM 2017 sensationell Vierte und belegen in der Damen-Weltrangliste Platz 7 (die Männer sind Achter). Die Regeln sind bei den Damen fast dieselben wie bei den Herren, nur Bodychecks sind verboten.

GRUND 84

Weil in der Nordkurve ein Lehrer an der Trommel steht

Maximilian Franke steht bei jedem Heimspiel in der Nordkurve an der Trommel und macht Stimmung für seine Haie. Daran ist an sich nichts Ungewöhnliches, doch Max Franke ist nicht etwa Trommler im Karnevalszug, Schlagzeuger in einer Band oder hat sonst eine Affinität zum Schlaginstrument. Nein, Max Franke ist Mathematiklehrer an einer Gesamtschule in Siegburg. Und er ist nicht einmal ein gebürtiger Kölner, sondern Schwabe. Aus Stuttgart. VfB-Fan. Seit 1999 ist er Haie-Fan, damals war er noch kein Lehrer. »Ein Trommler ging, man suchte jemanden, der es übernimmt. So kam ich zur Trommel«, erzählt er.

Sein Instrument behandelt er mit gebührendem Aberglaube. »Wenn ich das Fell wechsle, nehme ich die acht baugleichen Schrauben heraus und lege sie so hin, dass ich sie exakt wieder in dasselbe Loch hineinschrauben kann, wenn ich das neue Fell festziehe«, grinst er.

Ein echter Fan hat seine Rituale, so wie auch die Spieler. Franke ist Jahrgang 1986 und hat die Hochzeit der Haie an der Lentstraße nicht mehr erlebt. »Ich war noch zum Abschiedsspiel von Peppi Heiss und zu einem Testspiel dort, daher habe ich die alte Halle noch kurz erlebt«, erzählt er. »Aber bei uns im Block ist kaum noch jemand, der die alten Zeiten noch erlebt hat.« Auch auf den Tribünen hat ein Generationswechsel stattgefunden. An Highlights mangelt es natürlich trotzdem nicht, Max Franke hat viel gejubelt und viel geweint, seit er in der Nordkurve steht. »Nie werde ich das Halbfinale 2006 gegen Düsseldorf vergessen«, schwärmt er.

»Im vierten Spiel machte Bill Lindsay in der Verlängerung das 5:4, und wir zogen ins fünfte Spiel ein. Das verloren wir dann wegen einer Spieldauer-Disziplinarstrafe gegen Eduard Lewandowski. Bis heute kann man in den Videos klar sehen, dass er nur die Scheibe spielen wollte. Und das hat dann die Serie entschieden. Toll war auch das vierte Finale 2003 in Krefeld, als Mirko Lüdemann auch in der Verlängerung in Unterzahl den Siegtreffer schoss.«

Doch auch Tränen hat er vergossen, zum Beispiel im Finale 2008, als die Haie auf eigenem Eis die Meisterschaft den Berliner Eisbären überlassen mussten. »Danach saß Robert Müller völlig zusammengebrochen auf dem Eis«, blickt Franke zurück. »Wir wussten da noch nicht genau, wie krank er wirklich war, aber in dem Moment merkte man, dass es seine letzte Chance im Leben auf den Titel gewesen war. Das ging uns allen sehr nahe.« Auch sportlich hat er nicht nur rosige Zeiten erlebt. »In dem Jahr 2009, als wir fast pleite waren, wurde das Team Vorletzter. Nur Duisburg war noch abgeschlagen hinter uns. »Dann gewannen wir mühsam am Ende gegen Duisburg, und wir merkten, wie es ist, ganz unten zu stehen.«

Der Lehrer hat im Unterricht keine Probleme mit seiner Passion, von den Schülern kommen keine Sprüche. »Die sind noch zu jung, um zum Eishockey zu gehen«, lacht er. »Daher wissen die meisten es gar nicht. Selbst wenn einer mal zu den Haien geht, muss er mich in der großen Halle zum Beispiel vom Oberrang aus erst einmal entdecken. Man denkt immer, bei 14.000 Zuschauern im Schnitt muss mal einer dabei sein, den man kennt. Das ist aber nicht der Fall. In einer Klasse habe ich allerdings einen Nachwuchsspieler von den Junghaien, mit dem rede ich vor dem Unterricht mal ein paar Worte, wenn er tags zuvor gespielt hat. Aber mehr passiert gar nicht.« Dafür helfen ihm die Kollegen hin und wieder aus. »Wenn ich zur Auswärtsfahrt muss, tausche ich schon mal eine sechste Stunde mit einem Kollegen und revanchiere mich in der Sommerpause.«

Mit dem Trommeln ist es aber nicht getan, Max Franke engagiert sich auch im Haie-Fanprojekt.

GRUND 85

Weil die Haie ein tolles Fanprojekt haben

Die Kölner Haie hatten 2016/17 wieder einmal den höchsten Zuschauerschnitt in Deutschland, viele Anhänger sind in den 42 Fanklubs aktiv. Koordiniert wird alles vom Fanprojekt. »Wir haben es in der aktuellen Form 2010 gegründet, früher war es unter dem Dach des Vereins«, erzählt Franke. »Man hat dann einen Verein gegründet, ich bin jetzt zweiter Vorsitzender, aber das sind Positionen, die das Vereinsrecht ohnehin erfordert. Da fällt viel an, uns folgen über Facebook mittlerweile 7.000 Leute. Wenn wir einen Sonderzug planen, fahren wir unter 500 Teilnehmern gar nicht mehr los. Da läuft viel richtig, wir sind immer mit der Arena im Austausch, zum Beispiel ist die Tatsache, dass Gott sei Dank alles immer friedlich abläuft, auch ein Verdienst dessen, was hinter den Kulissen abläuft. Es ist alles organisiert, der ganze Ablauf.«

Ein aktuelles Thema ist die Zusammenlegung der Stehplatztribünen. Als man die Kölnarena 1998 plante, machte man einen großen Fehler: Man baute zwei Stehplatztribünen jeweils hinter den

Toren. Damit trennte man die treuesten Fans, und um sie wieder zu vereinigen, müsste man auf einer der beiden Seiten die Sitzplätze über den Stehplätzen herausnehmen. »Wir sehen die Haie-Fans als Großes, Gemeinsames«, sagt Franke. »Es kann nicht sein, dass wir in Konkurrenz zueinander stehen. Es passiert mir bei Auswärtsfahrten schon einmal, dass man die eigenen Fans nicht kennt, weil sie bei Heimspielen weit entfernt stehen. Das kann doch nicht sein.«

Das Fanprojekt ist auch Sponsor der Junghaie, die Überschüsse aus Auswärtsfahrten gehen zum Teil an den Nachwuchs, so kommen jedes Jahr viele Tausend Euro zusammen.

Es gibt sechs Fanbeauftragte, die von den Anhängern gewählt werden. Man trifft sich regelmäßig am Stammtisch, dort sind auch regelmäßig hohe Gäste wie Spieler, Geschäftsführer oder sogar Schiedsrichter. Das sind die Fanbeauftragten: Armin Höhner (1. Vorsitzender), Maximilian Franke (2. Vorsitzender), Sascha Winkler (Schriftführer), Hannes Diemer (Kassierer), Anne Thelen (Koordinatorin Fanclubs), Jens Scheumer (Koordinator Veranstaltungen).

Nach der letzten Saison hatte man wieder viel zu besprechen: Die Zusammenarbeit mit den Kölner Haien, der DEL, der Polizei, der Arena, der Feuerwehr und den Fanbeauftragten der anderen Standorte. Das Miteinander bei den Spielen, die Fanfahrten, das Ticketing in den Play-offs, Busfahrten, die Choreografie für Mirko Lüdemann, Fan-Stammtische, Meet-and-Greet, Fanclub-Bowling, Spieler des Monats, Fan-Forum, das Sommerfest, die Trikotübergabe auf der Abschlussfeier.[7]

Auch als organisierter Fan hat man rund ums Jahr zu tun. Hier die Fanklubs der Kölner Haie, ohne Anspruch auf Vollständigkeit:

100% KEC, Agneshaie e.V. , Arenahaie, Bierkasse KEC, Clownfische-Cologne, Club 1972 – Aktive Fanszene Kölner EC, Crazy Sharks, Die HAInis, die Haiteren, Die ScheinHAIligen, Die 5.te Reihe, Drunken Sharks, Eishockeyfreunde der Kölner Haie e.V., Eiskratzer, Fidele Haie e.V., Funsharks, HAInzelmännchen Köln,

Haie Fanclub Spich, Haiway to Hell, Haie in der Sieg, Halunkenloge, HFC Porz-Mitte, Iced Sharks, Inferno della Nord, Kallbach Haie Eifel e.V., Kempense Haiefans, Knallbotze, Kölner Haie Fans Ostbelgien, La Familia Sharks, Legio Colonia, Out of Cologne, Porz-Urbach, Red Sharks Cologne, RheinHaimische, Rocket Sharks, Sektion Domstadt, Sektion Suff Nord, South Sharks Cologne, Squalifosi '98, Ultras Colonia, Voreifel Haie, Weißer Hai-Society.

GRUND 86

Weil auch Poldi ein Hai ist

Rund um die Kölner Haie tummelt sich viel Prominenz. Stefan Raab schickte mal Grüße per Videowürfel, Schauspieler aus der TV-Serie *Alles was zählt* sind gegenwärtig, da die Eisszenen im Haie-Zentrum gedreht werden. Haie-Spieler sind mit Kollegen vom FC befreundet, diese besuchen gerne mal ein Eishockeyspiel. Alle bekannten Kölner Bands und Karnevalsgrößen sind schon bei der Haie-Sitzung aufgetreten.

Besonders vor Derbys gegen Düsseldorf treten viele Bands auf, meistens gehen diese Spiele aber verloren. »Volles Haus und eine Band? Oh Gott«, hört man schon aus Fankreisen. Aber wenn Brings vor 18.500 Zuschauern ihren *Kölschen Jung* schmettern, rockt die Arena. Doch ein Kölscher Jung sticht heraus, nämlich Lukas Podolski. Der Fußballstar spielt lange nicht mehr in der Domstadt, ist aber überaus präsent, auch bei den Haien. Er schaut gerne mal vorbei und geht dann auch zur Mannschaft in die Kabine, wo mit viel Hallo ein Gruppenfoto gemacht wird. Auf seiner Webseite gibt es sogar ein Foto mit einem Haie-Trikot. Die Medien stehen drauf; wenn »Poldi« bei den Haien ist, bauen sie die Besuche immer in ihre Berichte ein. Gut für die Haie; wenn der Name »Podolski« in der Schlagzeile steht, lesen mehr Menschen mit.

Lukas Podolski ist ein typischer Kölner. In Polen geboren, kam er als Junge in die Domstadt und ging in Bergheim bei Köln zur Schule, ein für Kölner legendärer Vorort. Podolski setzt sich in seiner Heimatstadt auch für viele soziale Zwecke ein, er gründete seine eigene Lukas-Podolski-Stiftung, mit der Sport- und Bildungsprojekte für benachteiligte Kinder und Jugendliche verwirklicht werden. Auch in der Krebshilfe ist er aktiv. Bei den Haien bleibt er ein gern gesehener Gast.

GRUND 87

Weil sie einen Fan wie Ivo Jaschik haben

Es gibt die Redewendung »bekannt wie ein bunter Hund«. Nun, der bunteste Hund im Umfeld der Kölner Haie ist wohl Ivo Jaschik. Er kennt jeden, und jeder kennt ihn. Seit 1977 geht er (1959 geboren) zum KEC und arbeitet seit vielen Jahren auch journalistisch in Sachen Eishockey. Das Erstaunliche dabei: Ivo Jaschik ist nicht nur in Köln ein bunter Hund, sondern überall in der Liga und sogar in Amerika.

Es dürfte nicht viele Eishallen in der Welt geben, die Jaschik noch nicht besucht hat. Mehrmals im Jahr fliegt er nach Nordamerika und besucht Spiele, macht dann Interviews mit NHL-Stars und nicht nur mit den Deutschen in Übersee. Superstar Sidney Crosby soll mal mit den Worten »Hi Ivo« an ihm vorbeigegangen sein. Das überrascht keineswegs. Wenn irgendwann einmal Menschen auf dem Mars landen, werden die dortigen Marsmenschen sicher erst einmal fragen, wo Ivo ist. Er war sicher schon dort.

Der Reisepass von Ivo Jaschik ist eine Art Roman. Seite um Seite voller Stempel. Und er hat schon viele interessante Geschichten gemacht, so reiste er mit einem kanadischen Team und dessen Trainer Jim Hiller (früherer DEL-Spieler) mit dem Bus durchs Land, von

Spiel zu Spiel. Bei jeder WM ist er zugegen, trotzdem hat er noch Zeit für seine Familie. Ivo kennt übrigens auch die Gattinnen der Spieler und Trainer, und sie kennen ihn.

Trotz aller Weltpräsenz ist er in erster Linie ein Fan der Kölner Haie. Wenn er einmal nicht in der Arena ist, weilt er vermutlich gerade in New York. Oder Los Angeles. Oder Edmonton. Oder …

Es gibt bei den Haien viele Fans, die sich schon seit Jahren auch mit ihrer Arbeit engagieren. Zum Beispiel die Statistiker, die auf der Tribüne alles festhalten, was unten auf dem Eis geschieht. Das ist gar nicht so einfach. Wann beispielsweise gilt ein Bully als gewonnen oder verloren? Wenn man als Erster am Puck war oder wenn man die Scheibe nach dem Bully kontrolliert?

Und was ist ein Torschuss? Jeder Schuss aufs Tor? Nein, denn wenn er auch noch so knapp daneben geht, ist es kein Torschuss. Schnappt sich der Torhüter trotzdem die Scheibe, wird der Schuss dadurch dann doch zum Torschuss. Oder hat man das jetzt schon wieder geändert?

GRUND 88

Weil der Arena-Burger richtig gut ist!

Wer zu einer Sportveranstaltung will, muss auch essen. Man verbringt Stunden im Stadion oder in der Arena, das macht hungrig. Natürlich wird auch viel getrunken, was aber weniger dazu dient, den Durst zu stillen. Biertrinken ist Selbstzweck. Das kulinarische Angebot bei Eishockeyspielen ist durch die modernen Mehrzweckhallen deutlich gestiegen.

Früher gab es meistens nur Würstchen, Brezeln und Ähnliches. An manchen Eishockeystandorten konnte man originelle Fressalien wie Leberkäs-Brötchen oder »Puckletten« (runde Frikadellen/Bouletten) erstehen. Heute gibt es in den Foyers der Arenen die volle Auswahl. Pizza, Pommes, Schnitzel, die betuchten Besucher/innen gönnen sich ein Sektchen, bevor man den großen Jungs beim Prügeln zuschaut.

In Köln sticht (zumindest nach Ansicht des Autors) der Arenaburger heraus. Eine Klasse besser als vergleichbare Produkte amerikanischer Schnellrestaurants. Und deutlich größer. Okay, teurer ist er auch, aber man gönnt sich ja sonst nichts. Für den hungrigen Journalisten, für den es im Presseraum nur Suppe und trockenes Brot gibt, ist der Burger oft die Rettung.

Weniger zu empfehlen sind übrigens die an sich guten Pommes, wenn man die zusätzlich angebotenen Zwiebeln dazunimmt. »Das riecht ja wie Schweiß«, lautete der Kommentar eines Kollegen, als er die Zwiebelkombination einmal registrierte. Penetranten Geruch verströmen auch die Mettbrötchen, ihr zweifelhafter Duft kann während eines Spiels ganze Sitzreihen komplett befallen.

Kult sind selbstverständlich auch die Eisverkäufer in der Arena. Es ist immer einer von ihnen gerade mit einem Bauchladen in der Nähe. Nur dann nicht, wenn man gerade Appetit auf Eis hat. Und man darf nicht aufs Geld schauen, das darf man an öffentlichen Orten heutzutage sowieso nicht mehr. Wer gesteht sich schon gerne ein, dass er gerade einen ganzen Schein für gefrorenes Wasser mit etwas Schokolade ausgegeben hat. Man lebt nur einmal.

GRUND 89

Weil sie nicht überall geliebt werden

Die Haie sind seit Jahrzehnten erfolgreich und bringen immer viele Fans mit zu den Auswärtsspielen. Das schafft Rivalitäten. Sie haben ein großes Derby gegen Düsseldorf, ein kleines Derby gegen Krefeld und ein NRW-Derby gegen Iserlohn, wo man noch »so richtig gehasst wird« (Zitat Rodion Pauels). Mit Mannheim verbinden die

Haie eine lange Rivalität, mit Berlin inzwischen auch. Spiele gegen Ingolstadt sind immer brisant.

Kurz: Überall gehen die Menschen nicht nur zu den Spielen, um ihr Team gewinnen zu sehen. Sie wollen auch die großen Kölner Haie verlieren sehen. Das spornt die Kölner Fans natürlich umso mehr an. Das war schon vor 30 Jahren so, als Udo Kießling in einer Art auftrat, die von Zeitgenossen anderer Klubs als arrogant eingestuft werden konnte. »Er ist kein Mensch, er ist kein Tier, er spielt bei Köln mit der Nummer 4!«, hallte es durch die Stadien. Kießling spielte dann umso besser.

Überhaupt werden viele Fans erst durch die Haie so richtig kreativ. Als Köln Anfang der Neunziger unter extremem Hochwasser litt, sang man in Düsseldorf zur Melodie von *Kölle Alaaf*: »Dann sind die Boote ausverkauft, die Gummistiefel auch, und der Dom läuft wieder voll, und jeder findet's toll. Kölle, sauf ab, sauf ab.« So was geht nur mit den Haien.

In vielen Hallen wollen die Fans aus den Haien Fischkroketten machen, dies ehrt sie. Die Haie, nicht die Fans. Wenn die Haie mal verlieren, ist die Schadenfreude groß. Neid muss man sich eben über viele Jahre hinweg erarbeiten.

Aber das ist wesentlich besser, als wenn man den Menschen egal ist. Im Sport muss man auch immer ein wenig polarisieren, man muss geliebt oder gehasst werden, sonst ist man ein Niemand. Bei aller Wertschätzung: Niemand hasst Wolfsburg, deswegen ziehen die Gizzlys auswärts auch wenige Zuschauer an, obwohl sie ein sportlich starker Gegner sind. Die Niedersachsen will man nicht um jeden Preis verlieren sehen, die Haie schon. Und wenn sie so richtig viel Gegenwind haben, liebt man sie doch umso mehr.

GRUND 90

Weil sich die Haie für Ihre »Artgenossen« einsetzen

Der Haifisch, der hat Zähne. Und er hat ein sehr negatives Image, Haie gelten als Mörderbestien mit kalten Augen, die es zu töten gilt. Doch Haifische leben seit Millionen von Jahren in den Weltmeeren, sie sind enorm wichtig für das Ökosystem und damit auch für uns Menschen. Die Kölner Haie kooperieren seit 2012 mit »Sharkproject«, einer Organisation, die für mehr Wissen um die Haie und mehr Verständnis für die Tiere kämpft. Haifische haben keine Sympathielobby wie Wale oder Delfine, sie sind nicht mit einem Dauerlächeln gesegnet, erfreuen uns mit Unterwassergesängen oder haben eigene Fernsehserien. Sie springen auch nicht durch Reifen, die man ihnen hinhält.

Haie fressen und werden gnadenlos gejagt. Viele der bis zu 500 Hai-Arten stehen vor dem Aussterben, ihr Verschwinden wird nach Ansicht vieler Wissenschaftler zu extremen Veränderungen in den Meeren führen.

Die Kölner Haie helfen dem Sharkproject, indem sie über dessen Arbeit informieren und die Zuschauer für das Thema sensibilisieren. Das Sharkproject tritt bei Fanstammtischen und regelmäßig auf dem Sommerfest der Kölner Haie auf. Jedes Jahr werden mehrere Millionen Haie getötet. Im monatlichen Stadionmagazin machten die Kölner Haie auch schon auf die sogenannten »Schillerlocken« aufmerksam, die in Supermärkten angeboten werden.

Dabei handelt es sich um den »Dornhai«, der mit harmlosen Namen angeboten wird, damit die nicht sahnenden Kunden das gefährdete Tier auch kaufen. Dornhaie können bis zu 90 Jahre alt werden und sind faszinierende Tiere.

In den kommenden zehn Jahren droht den Ozeanen ein Massensterben, das den Zusammenbruch des gesamten Ökosystems zur Folge haben könnte. Die Kölner Haie nutzen den Namen ihres

Wappentieres, um auf dessen Gefährdung aufmerksam zu machen – ein im Sport seltenes Engagement. Übrigens werden jedes Jahr mehr Touristen von herabfallenden Kokosnüssen getötet als von Haifischbissen. Trotzdem scheint niemand Angst vor Kokosnüssen zu haben …

Wenn irgendwo an irgendeinem Strand mal ein Hai auftaucht, geraten alle Menschen in Panik, die Nachrichten gehen um die Welt. Das Tier wird so schnell wie möglich getötet. Was hat es eigentlich angerichtet? Es war in seinem Element und suchte nach Nahrung. Dafür rotten wir das Tier aus.

Das Sharkproject macht darauf aufmerksam, und die Kölner Haie unterstützen es dabei. Damit nicht irgendwann einmal ein Kind bei einem Spiel der Kölner Haie seine Eltern fragen muss: »Was ist das eigentlich, ein Hai?«

GRUND 91

Weil sie »Retter-T-Shirts« hatten

Dunkle Zeiten können auch gute Seiten im Menschen hervorrufen. Als die Haie 2009 fast insolvent waren, wurden die Fans aktiv. Unter anderem schufen sie ein »Retter-T-Shirt«. In schlichtem Rot mit der Aufschrift »Wir sind Haie!« konnten die Träger des Shirts ihre Solidarität mit den Haien ausdrücken und gleichzeitig Geld in die leeren Kassen spülen, jedes Shirt kostete 15 Euro, es wurde rund 15.000 Mal verkauft.

Zahlreiche Prominente zeigten sich mit den Retter-Shirts: Oliver Pocher, Dieter Nuhr, Helmut Zerlett, Janine Kunze, Peter Brings, Michaela Schaffrath, die »Autohändler« Jörg und Dragan, Peter Millowitsch, Tom Gerhardt, Erdogan Atalay, Tom Beck und viele Schauspieler aus der RTL-Serie *Alles was zählt*, die zum Teil im Haie-Zentrum gedreht wird.

Die Haie bedankten sich für die Unterstützung: »Ohne Euch hätten wir es nicht geschafft«, schrieben sie.

Graswurzelbewegungen können im Sport viel auslösen, bei einem großen Traditionsklub wie dem KEC und der damit verbundenen Identifikation sind viele Tausend Fans mit Herz und Seele dabei; wenn sie sich zusammentun und etwas gemeinsam organisieren, kommt etwas Großes dabei heraus.

Die Fans der Haie haben einen großen Beitrag zur Rettung ihres Klubs geleistet. Ob so etwas auch bei einem sogenannten »Retortenklub« möglich gewesen wäre?

GRUND 92

Weil sie mit den Fans eine ruhige Kugel schieben

Eishockeyspieler sind ja nicht dafür bekannt, dass sie es besonders ruhig angehen lassen, aber einmal im Jahr schieben sie mit den Fans eine ruhige Kugel: Beim fast schon traditionellen Fan-Bowling! Das Haie-Fanprojekt lädt jährlich die gesamte Haie-Mannschaft zum Bowlen ein, beim letzten Mal waren 18 Fanklubs in Hürth bei Köln dabei.

Die Teilnahme musste aufgrund der hohen Nachfrage sogar ausgelost werden. Auf allen Bahnen traten gemischte Teams aus Spielern und Fans an. Den Sieg trug beim bisher letzten Bowling der Fanklub »Kallbachhaie« mit Christian Ehrhoff davon.

Die Mitglieder des Fanprojekts laden auch zum »Meet and Greet« mit Haie-Spielern ein, man kann dann beim Essen mit den Spielern fachsimpeln oder die Profis einfach nur einmal persönlich kennenlernen.

Dabei stellt man in der Regel fest, dass die Spieler auch nur ganz normale Menschen sind, nur halt etwas kräftiger. Eishockeyspieler sind in der Regel bodenständig, sie halten sich nicht wie manche

Fußballprofis für Götter, die glauben, sie stünden über dem Gesetz. Fast alle Eishockeyspieler sind ruhige, geduldige Zeitgenossen, mit denen man sich wunderbar unterhalten kann. Nur auf dem Eis möchte man ihnen nicht unbedingt begegnen.

An der alten Lentstraße war der Kontakt zwischen Spielern und Fans übrigens deutlich leichter herzustellen als in der heutigen Arena. Damals mussten die Spieler mit ihren Taschen mitten durch die Zuschauer laufen, die an der Hallenseite standen. So konnte man sie schnell ansprechen und kennenlernen. Damals war die Identifikation noch viel größer als heute. Seit es die modernen Arenen gibt, entschwinden die Profis nach den Spielen in den riesigen Katakomben zu ihren Autos und fahren dann nach Hause. Normalos haben da gar keinen Zutritt.

Man kann bei den Haien übrigens keinen Zutritt und dann einen sozusagen »noch keineren« Zutritt haben. So steht an der Tür zur Mannschaftskabine in der Trainingshalle ein Schild mit der Aufschrift: »Zutritt strengstens verboten«. Ob es nicht genügte, den Zutritt einfach nur zu verbieten? Gibt es Menschen, die trotz des Schildes einfach in die Kabine gegangen wären, wenn man nicht das Wort »strengstens« hinzugefügt hätte? Oder bedeutet »strengstens« einfach nur, dass man bei Zuwiderhandeln härter bestraft wird? Es stehen ja genug Schläger dort herum.

GRUND 93

Weil man mit ihnen so schön abergläubisch werden kann

Der Mensch ist abergläubisch, der Sportler ganz besonders, und der Fan steht ihm nicht nach. Dabei gibt es allgemeinen Aberglauben und auch ganz speziellen. Jedem ist der Play-off-Bart bekannt; wenn die heißeste Phase der Saison beginnt, wird nicht mehr rasiert. Die Spieler sehen dann nach einigen Wochen so aus, wie sich Lieschen Müller (spielt trotz des Nachnamens nicht bei den Haien) einen Eishockeyspieler vorstellt. Große, bärtige Kerle, die sich dauernd prügeln.

Es gibt aber auch ganz spezielle Marotten, so sind viele Spieler sehr erbost, wenn jemand ihre Schläger berührt. Das dürfen nur sie selbst und die Betreuer, sonst niemand. Die Schläger selbst müssen auf eine ganz bestimmte Weise getaped werden. Der frühere Haie-Profi Brad Schlegel erklärte einmal, bei ihm seien es exakt zweieinhalb Umwicklungen. Den Unterschied spüre er auch durch den Handschuh hindurch.

Von anderen Spielern erzählt man sich, dass sie nie über die Linien fahren, wenn sie aufs Eis kommen. Da wird jedes Mal der Fuß gehoben, sonst geht das Spiel verloren. Abläufe vor wichtigen Spielen müssen immer gleich sein, es wird immer dasselbe gegessen und getrunken, immer um dieselbe Uhrzeit.

Manchmal wird es schon als Aberglaube bezeichnet, wenn sich Sportler immer in derselben Reihenfolge ankleiden. Aber machen wir das nicht alle so, ganz automatisch? Erst die linke Socke, erst der rechte Schuh, das Hemd immer vor der Hose (umgekehrt fühlt man sich irgendwie unwohl) oder ganz anders? Jeder Mensch hat seine Marotten.

So geht es auch Haie-Fans. Der eine benutzt in der Unterführung vom Deutzer Bahnhof zur Arena nie die Rolltreppe, weil die Haie mal verloren hatten, als er dies tat. Trikots werden unter der Saison nie gewaschen, egal, wie viel Bier beim Torjubel drübergekippt wurde.

Ein anderer Fan legt seinen Schal am Spieltag immer auf dieselbe Weise zusammen und legt ihn immer an denselben Platz. Sonst geht das Spiel verloren, ist doch klar.

Eishockey ist Emotion, und bei Emotionen tickt der Mensch anders als sonst im Alltagstrott. Vor allem, wenn er mit etwas mitfiebert, was er nicht kontrollieren kann. Dann nutzt er jede noch so kleine Chance zur Einflussnahme. Durch Gesänge, damit man ihn hört. Durch Anfeuerung auf der einen Seite und Pfiffe auf der anderen. Doch leider sind die Profis heutzutage so abgezockt, dass sie fast immer gleich spielen, ob zu Hause oder auswärts.

Wenn ein Mensch in eine Pfütze tritt und der Fuß nass wird, tritt er beim nächsten Mal nicht mehr in eine Pfütze, das nennt man »Erfahrung«. Wenn er mit dem nassen Fuß aber wenig später Geld auf der Straße findet, tritt er beim nächsten Mal wieder in eine Pfütze, weil das Glück bringt. Und das macht er immer wieder, auch wenn er nie wieder Geld findet. Aber mit trockenen Füßen hat er noch viel weniger gefunden, also rein in die nächste Pfütze!

Natürlich ergibt es wenig Sinn, sich so zu verhalten. Aber so tickt der Mensch nun einmal. Logisch wäre eigentlich, dass nur Gewinner abergläubisch sind, weil die ja alles richtig gemacht haben. Alle anderen müssten eigentlich etwas ändern. Trotzdem sind sie alle, Gewinner und Verlierer, abergläubisch. Es könnte ja alles noch viel schlimmer werden.

KAPITEL 7

UND NOCH MEHR

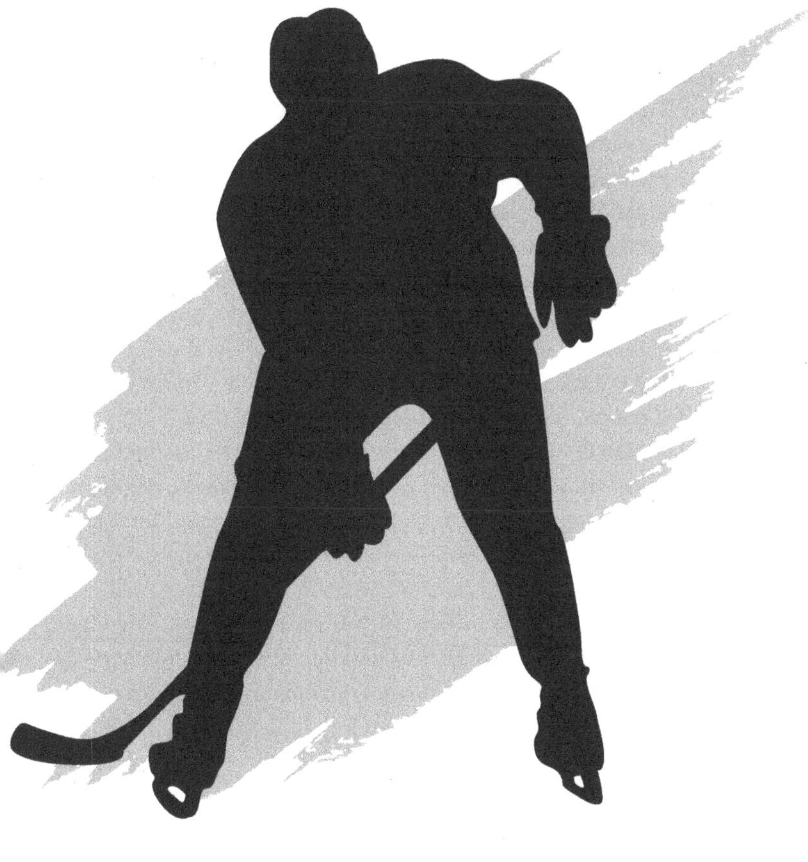

GRUND 94

Weil ihre Spieler Medienprofis sind

Die Kölner Haie haben viele Zuschauer, und auch jene Kölner Bürger, die nicht regelmäßig bei einem Spiel vorbeischauen, möchten täglich über den KEC auf dem Laufenden gehalten werden. Zu diesem Zweck gibt es bekanntlich Medien, deren Vertreter sich große Mühe geben, möglichst viele Fakten über die Haie für ihre Leser/innen zusammenzutragen, damit diese möglichst umfassend informiert werden. Die Haie hingegen möchten natürlich nur jene Fakten in die Öffentlichkeit lassen, die sie gut dastehen lassen.

Schließlich sind sämtliche Spieler, Trainer und Mitarbeiter Angestellte der Haie GmbH und sollen ihr Produkt KEC so gut wie möglich verkaufen. Das ist ihr Job, und den erledigen sie mit hoher Professionalität. Die Spieler werden von Kindesbeinen an im Umgang mit der Presse geschult und geben besonders bei eindeutigen Fragen gerne zweideutige Antworten, damit ihnen kein Schaden entstehen kann. Das ist nachvollziehbar. Besonders deutlich ist diese Taktik bei Vereinswechseln. Im deutschen Eishockey werden Verträge für eine kommende Saison meist schon abgeschlossen, wenn die laufende Spielzeit noch gar nicht so alt ist. Meistens während der Länderspielpause Anfang Oktober.

Spieler haben dann noch fast die ganze Saison beim Verein X zu spielen, besitzen fürs nächste Jahr aber schon einen besser dotierten Kontrakt beim Verein Y. Da die Eishockeyszene hierzulande überschaubar ist, sickert fast jeder Transfer vorzeitig durch. Das bedeutet für einen Spieler, dass er schon im Winter gefragt wird, ob er denn beim Verein bleibt. Falls er bleibt, kann er einfach »Ja« sagen. Jetzt kommt es (und die Haie sind sehr gut darin): Jede andere Antwort als ein »Ja« ist zu 95 Prozent ein »Nein«. Beliebte Variationen von »Nein« sind: »Wir spielen erst einmal die Saison zu Ende, und dann unterhalte ich mich mit meiner Familie, wie es weitergeht.«

Oder: »Ich würde gerne bleiben, Köln ist eine tolle Stadt mit den besten Fans der Liga. Nach der Saison muss ich mal schauen, welche Angebote mein Agent hat.«

Der Grund für das verbale Herumeiern der Spieler liegt auf der Hand. Sie befürchten einen Spießrutenlauf, wenn ihre Wechselabsichten bekannt werden. Dann heißt es bei jedem schwachen Spiel und jeder vergebenen Torchance: »Der ist in Gedanken wohl schon in Y und will sich nicht mehr wehtun.« Haie-Stürmer Patrick Hager hat eine andere Taktik versucht; als er noch in Ingolstadt spielte, gab er früh bekannt, dass er zu den Haien gehen würde, und versprach, sich bis zur letzten Minute in jedem Spiel für Ingolstadt voll reinzuhängen. Die Ehrlichkeit Hagers ging auf, man respektierte seinen Wechselwunsch und seine sportliche Einstellung. Sein Beispiel machte allerdings nicht Schule, und manche Spieler machen noch immer Verbalspagat, um einen bevorstehenden Wechsel zu verbergen. Inzwischen ist Hager in München unter Vertrag und hatte dort wohl schon während der letzten Saison unterschrieben, was er dann allerdings nicht mehr öffentlich kommunizierte. Der Wechsel wurde mitten in den Play-offs bekannt, dies sorgte für Unruhe.

Aber was sollen die Spieler auch machen? Es gibt zum Beispiel Spiele oder Play-off-Serien, die sind nicht zu gewinnen. Der Gegner ist einfach besser, und die Spieler merken das logischerweise als Erste. Wenn man sie dann nach den Chancen fragt, können sie schlecht sagen, das Ding sei gelaufen. Jeder Trainer würde sie danach mit Recht feuern. Niemals aufgeben! Niemals! Keine Schmerzen! Folglich sagen die Spieler lieber: »Es wird jetzt sehr schwer, aber wir versuchen alles.« Und so weiß jeder Zuschauer: Das wird wohl nichts mehr. Wenn wirklich alles gelaufen ist, kommt gerne der Spruch »Die Hoffnung stirbt zuletzt«. Das sagt ein Eishockeyspieler wohl auch, wenn er beim Bergsteigen mit einem Fuß abrutscht und gerade das Gleichgewicht verliert.

Übrigens sind beileibe nicht nur die Spieler der Haie Medienprofis, auch und erst recht die sportliche Leitung und das Management. Für die Herren gibt es drei feste Grundsätze, die man von ihnen vor jeder Saison zu hören bekommt. 1.: Wir haben keinen Spieler verloren, den wir nicht halten wollten. 2.: Alle unsere Neuzugänge sind Wunschspieler, die trotz besserer Angebote anderer Klubs unbedingt zu uns wollten, weil wir die Coolsten sind. 3.: Alle Spieler sind topfit angereist und ziehen voll mit.

Diese drei Grundsätze werden eisern durchgezogen, und trotzdem müssen viele »Wunschspieler« schon bald wieder gehen, weil sie nicht die nötige Fitness hatten. Auch hier gilt: Sollen die Herren etwa die Wahrheit sagen? Sollen sie sagen, dass sie Spieler X geholt haben, weil sie keinen anderen Kandidaten für diese Position bekommen konnten? Damit setzt man ihn gleich unter Druck und entzieht ihm das Vertrauen.

Nein, hier müssen Profis ans Werk. Und die Kölner Haie sind Profis, auch und gerade in der Öffentlichkeitsarbeit. Und daraus ergibt sich der nächste Grund:

GRUND 95

Weil man mit den Haien »Bullshit-Bingo« spielen kann

Regeln: Wenn eine der in den Kästchen aufgeführten Phrasen bei einem Interview oder auf einer Pressekonferenz benutzt wird, streicht man das entsprechende Kästchen durch. Wer als Erster eine Reihe (senkrecht, waagerecht oder diagonal) komplett hat, ruft laut »Bullshit!«.

Muster-Bogen für Eishockey-Bullshit-Bingo

Wunsch-kandidat	60 Minuten hart arbeiten	Es wird jetzt sehr schwer	Hoffnung stirbt zu-letzt	Lucky Bounces
Vertrauen des Trai-ners	Quäntchen Glück	Gut vor-bereiten	Ganze Woche hart trainiert	Beste Fans der Liga
Bester Klub in Deutsch-land	Wollte schon immer hier spielen	Hat bessere Angebote aus-geschlagen	Können finanziell nicht mit-halten	Glück mit Arbeit er-zwingen
Unter-körperver-letzung	Oberkörper-verletzung	Jeder ist für seinen Schläger ver-antwortlich	Penalty-schießen ist Glückssache	Auf- und Abstieg gehören dazu
Momen-tum	Die Kleinig-keiten richtig machen	Ich spiele, wo der Trainer mich hinstellt	Egal, wer das Tor macht	Tolle Organisa-tion

GRUND 96

Weil erfolgsverwöhnte Macher in Köln manchmal scheitern

Als Thomas Eichin zu Werder Bremen ging, suchten die Haie einen neuen Sportdirektor und holten Lance Nethery zurück. Die Haie freuten sich offiziell über einen kompetenten Neuzugang, Netherys Verpflichtung stieß in der Öffentlichkeit allerdings auch auf Skepsis, auch im Team gab es kritische Stimmen. Der Kanadier war von 1999 bis 2002 bereits als Trainer und Manager bei den Haien angestellt, wurde dann aber entlassen, weil sein schlechtes Verhältnis zur Öffentlichkeit nicht mehr zu retten war. »Die Sympathiewerte des Trainers ließen zu wünschen übrig,« schrieben die Haie selbst in ihrer eigenen Vereinschronik über Nethery[8].

Die Reaktionen mancher Fans auf Netherys Neuverpflichtung waren daher nicht von Begeisterung geprägt. Nethery kassierte damals nach seiner Entlassung eine große Abfindung von den Haien. Als er weg war, drehte das Team auf und wurde sensationell Deutscher Meister 2002. Holten sich die Haie nun in Zeiten der Ruhe und des sportlichen Erfolgs ohne Not einen Konflikt ins Haus?

»Köln ist eine Nummer-eins-Adresse im deutschen Eishockey mit einem sehr positiven Umfeld«, so der Kanadier nach seiner Wiedereinstellung. »Ich bin stolz, wieder hier arbeiten zu dürfen. Hier wurde in den letzten Jahren ein sehr erfolgreicher Neuanfang geschafft, den es weiterzuführen gilt.«

Ein in Köln weniger bekannter Kandidat hätte seinen neuen Job bei null begonnen, Nethery startete hingegen mit einem dicken Minus. Er musste nicht nur die Öffentlichkeit, sondern auch Trainer, Mannschaft und Nachwuchsabteilung davon überzeugen, dass die Gesellschafter eine kluge Entscheidung getroffen haben. Sein zweites Engagement war dann ebenfalls nicht von Fortune geprägt, denn als Uwe Kupp 2014 entlassen wurde, ging Nethery gleich mit.

Er hinterließ das Zitat, Köln sei kein gutes Pflaster für ihn gewesen. Zweimal geholt, zweimal entlassen.

Merke: Selbst die besten Männer passen nicht zwangsläufig überall hinein. Und Köln ist ein ganz spezielles Pflaster. Ein Hans Zach wurde in Düsseldorf Meister, später sogar in Hannover. In Köln nicht.

GRUND 97

Weil auch die Fußball-Bundesliga noch viel von den Haien lernen kann

Im Eishockey spielen wir hierzulande schon eine Weile Play-offs. Seit 35 Jahren oder so. Hat sich bewährt, ohne Play-offs würde das Salz in der Suppe fehlen. Wenn zwei Teams sich über eine oder zwei Wochen aneinander (auf)reiben, das hat schon was. Und man weiß im Eishockey nie, wer gewinnt. Von den zehn Teams, die nach der Punkterunde weitermachen dürfen, kann jedes Meister werden. Wie gut wir es doch haben. Anders sieht es im bedauernswerten Fußballsport aus. Da steht der Meister im Grunde bei Saisonstart schon fest, und die Nation hofft immer auf Ausrutscher, die einfach nicht kommen. Höchstens mal im Elfmeterschießen im Pokal. Nun wollen kluge Köpfe bei den Fußballern immer mal wieder etwas vom Eishockey abschauen, so wie beim Videobeweis. Die Einführung von Play-offs wird diskutiert, um die Bundesliga endlich spannend zu machen. Dabei machen die Herren jedoch einen Denkfehler: Denn wenn es unter der Saison schon nicht möglich ist, die Bayern zu schlagen, wird man sie in den Play-offs erst recht nicht stoppen können.

Denn in den Play-offs setzt sich immer die bessere Mannschaft durch, je länger eine Serie dauert. Und das ist im Fußball nun einmal die mit der meisten Kohle. Also mit Einführung von Play-offs könntet Ihr Fußballer die Sache vielleicht eine Weile verzögern, aber nicht ändern. Außerdem wäre die Belastung für die wertvollen Fußballbeine viel zu hoch. Die Spieler stöhnen ja schon, wenn sie zweimal in einer Woche spielen müssen. Play-offs würden die nicht durchhalten, oder nur mit einem sehr großen Kader, der gleichwertig besetzt ist. Und den haben wieder nur die Bayern. Also wie man es auch dreht und wendet – vergesst es.

Play-offs sind für die geilen Sportevents wie Eishockey bei den Kölner Haien. Mit Spielern, die keine Schmerzen und keine Verletzungen kennen, wenn es um den Titel geht. Die für ihr Team die Knochen hinhalten. Mit tätowierten Ferrari-Models kommt man da nicht weit.

Wenn ihr unbedingt etwas vom Eishockey klauen wollt, versucht es doch mal mit der reinen Spielzeit. Damit diese unsägliche Zeitschinderei endlich vorbei ist. Von dieser bekloppten, willkürlich nach Gefühl festgelegten Nachspielzeit ganz zu schweigen. Ihr müsst noch viel lernen, ihr Fußballer.

Tatsächlich gab es im Sommer 2017 sogar Vorschläge, im Fußball auf 60 Minuten reine Spielzeit umzustellen. Vermutlich wird sich das nicht durchsetzen, aber alleine die Diskussion zeigt, dass man sich der Vorteile des Eishockeys bewusst ist.

GRUND 98

Weil die Haie CCCP haben

Die Kölner Haie setzen unter Trainer Cory Clouston und Manager Mark Mahon vor allem auf Charakter, Konstanz, Zweikampfstärke und Tempo, im Eishockey-Englisch heißt das »Character, consistency, compete, pace«, abgekürzt CCCP. Die Gleichheit mit dem Kürzel der früheren Sowjetunion ist durchaus gewollt, schließlich war die UdSSR früher dominant im Welteishockey und lieferte sich mit den kanadischen Superstars legendäre Duelle. Die Kanadier hatten individuell überragende Superstars, die Sowjets setzten auf das Kollektiv. Leider trafen die besten Spieler beider Nationen nur selten aufeinander, weil die Kanadier als Profis damals nicht an Weltmeisterschaften und Olympischen Spielen teilnahmen, während die Sowjets als Amateure galten (was sie faktisch natürlich nicht waren).

Unter diesen vier CCCP-Kriterien stellten die Haie-Macher ihr aktuelles Team zusammen, kalkulieren dabei auch Rückschläge ein. Mark Mahon hofft, dass vor allem die jeweils neuen Spieler aus solchen Rückschlägen lernen. »Man darf in der DEL nie nachlassen, muss immer seine beste Leistung bringen«, weiß er. »Das ist für uns eine gute Lehre, die neuen Spieler müssen auch erst einmal lernen, wie eng die Liga ist. Das ist ein Lernprozess für uns, aber das ist Hockey.« Solche Rückschläge kommen immer wieder vor, sollen nach dem Plan der sportlichen Leitung des KEC möglichst selten sein.

2015 zum Beispiel starteten die Haie prächtig, holten aus den ersten zehn Spielen acht Siege, spielten die Gegner mit den technisch versierten Schweden oft schwindlig. Doch auch die anderen Teams machen Videoanalysen, sahen sich das Kölner Spiel genau an, fanden die Schwächen und stellten sich darauf ein. Die Haie fielen immer weiter zurück und entließen den Trainer. Erst unter Clouston kam die nötige Konstanz ins Team, mit kurzen Trainingseinheiten hielt er das Tempo hoch und sah darin den Schlüssel, in der DEL zum Erfolg zu kommen.

Einige Schweden mussten anschließend gehen, dafür kamen Spieler, die dem Gegner keine Knoten in die Beine spielen, aber konstant mit Charakter (Führungsstärke) und Zweikampfhärte auftreten. Das klappte in vielen Fällen sehr gut, vor allem gegen die Top-Teams. Mit einem sehr starken Gustaf Wesslau im Tor kauften sie den Stars der Gegner den Schneid ab und frustrierten sie, dazu kamen eine möglichst effektive Chancenverwertung und ein starkes Unterzahlspiel. Das sind in der DEL bekanntlich Mittel, die zum Erfolg führen.

John Tripp war ein gutes Beispiel für die Kombination der »CCCP«-Eigenschaften. Der Kanadier zählte in allen früheren Teams zum Führungspersonal, verfügte dabei auf dem Eis über einen guten Einschüchterungs-Quotienten aus Scorerpunkten und Strafminuten, von seinen Checks und seinen Fäusten konnten schon einige Gegenspieler eine ordentliche Kostprobe nehmen. Doch auch gegen Teams wie Schwenningen mussten alle Spieler auf diese Weise rangehen, vielleicht ist das der Lernprozess, den Mahon anspricht. Gerade solche Spiele werden nicht ohne Grund als »Charaktertests« bezeichnet. Spitzenspieler bringen immer ihre Leistung, in jedem Spiel und über die gesamte Saison.

In der Kölner Abwehr ist die Konstanz durch Charakter, Zweikampfhärte und Tempo schon lange vorhanden, defensiv sind die Haie seit Jahren top. Bei voller Konzentration sind die Kölner hinten schwer zu knacken. Wenn sie nun auch noch die von Mahon erwartete Konstanz in den Angriff bekommen, werden sie zu den Favoriten der Liga zählen.

»Für uns ist die Konzentration auf die eigene Leistung sehr wichtig«, erklärt Clouston. »Wir schauen uns auf Videos natürlich auch die Gegner an und sehen, was sie zum Beispiel in Überzahl machen. Aber wir stellen unser Spiel nicht zu sehr auf sie um, weil wir sonst von unserem eigenen Plan abweichen. Jeder Spieler muss in jedem Spiel seine Leistung bringen, darauf kommt es in erster Linie an.«

Der Trainer muss die CCCP-Eigenschaften auch vorleben, wenn das Team seine Leistung bringen soll. So ist der ehemalige NHL-Coach Clouston nicht gram, dass ihm im Vergleich zur besten Liga der Welt »nur« ein Co-Trainer und ein Torwarttrainer zur Verfügung stehen, was für deutsche Verhältnisse schon sehr gut ist. »Da wo ich bin, gebe ich 100 Prozent und identifiziere mich voll mit der Organisation, die in Köln wirklich sehr gut ist«, sagt Clouston. »Man weiß nie, was die Zukunft bringt, aber jetzt gilt meine volle Konzentration den Spielern, die bei uns in der Kabine sitzen.« Clouston's consistency, character, passion.

Mark Mahon: »Charakter erkennt man an Führungsrollen, die in der Vergangenheit von den Spielern übernommen wurden. Da muss man sein Netzwerk aktivieren und möglichst viele Informationen über die Spieler herausfinden. Ein guter Charakter zeigt sich auch in der Einstellung eines Spielers und seiner professionellen Routine, mit der er sich auf jedes Training und die Spiele vorbereitet.«

Um einen Spieler vor seiner Verpflichtung auf seine Charakterstärke hin zu testen, muss man sich umhören. Mahon: »Nicht nur das, man muss auch weiter zurückgehen und sich selbst ein Bild machen, wie authentisch ein Spieler ist. Es hilft auch, wenn man aktuelle Spieler hat, die mit möglichen Kandidaten schon in einem Team gestanden haben. Das spielt auch eine Rolle, damit eine gute Chemie ins Team kommt.«

Besonders wichtig ist die Konstanz, wie Mahon betont: »Jeder muss Konstanz bringen, das ist in Köln vielleicht noch wichtiger als anderswo. Wenn du keine Konstanz hast, musst du ab Januar praktisch schon Play-offs spielen.« Auch das große Abschiedsspiel für Mirko Lüdemann war ein Beispiel für Charakter und Konstanz. In der Eishockeyszene spricht es sich herum, wenn es einen Verein gibt, der für seine langjährigen Spieler derartige Events organisiert und über 12.000 Zuschauer damit anlockt. Für so einen Klub spielt man im Zweifelsfall lieber als für einen kleinen Verein ohne große Tradition, der wegen eines großen Sponsors vielleicht genauso viel zahlen kann, aber darüber hinaus nichts zu bieten hat.

Mit CCCP funktioniert es bei den Haien, man muss deswegen ja nicht gleich Wodka trinken und die Planwirtschaft einführen. Obwohl unter dem Dach der Kölner Arena verdächtig viele rote Banner hängen …

GRUND 99

Weil sie nicht jeden Mist übernehmen, nur weil er aus Amerika kommt

Eishockey ist eine nordamerikanisch geprägte Sportart, die NHL ist die beste Liga der Welt, jeder will dort spielen, von dort kommen die Innovationen, man orientiert sich an der NHL. In Sachen Berichterstattung, Statistiken oder Eventorganisation macht den Amis keiner etwas vor.

Es gibt dort aber auch Sachen, die man hierzulande wohl nie einführen würde. Zum Beispiel die albernen Animationsversuche des Publikums über die Videowürfel. Was haben wir uns vor 20 Jahren fremdgeschämt, wenn wir in der NHL die klatschenden Hände auf den riesigen Monitoren sahen. Was für ein Armutszeugnis! Und heute sind wir selbst nicht mehr weit von derartigen Peinlichkeiten entfernt. Ein gutes Beispiel ist die »Kiss-Cam«, die es zugegeben auch bei den Haien gibt.

Menschen werden in den Arenen von einer Kamera eingefangen, und wenn sie sich auf dem Würfel erkennen, sollen sie sich küssen. Und wenn da mal jemand nicht mitmacht, wird er ausgebuht. Was soll das? Jeder entscheidet selbst, wen er wann und wo küsst. Man sollte allerhöchstens seinen Mittelfinger in die Kamera halten, wenn es einen mal erwischt. Mutigere Zeitgenossen könnten auch den nackten Hintern zeigen. Lasst euch nicht alles bieten! In Düsseldorf, wo man früher zwei Stunden vor Spielbeginn schon keinen Platz mehr auf den Stehtribünen bekam und selbst Trommeln verpönt waren, kann man nun seinen Nebenmann/seine Nebenfrau auch mal checken, wenn die Kamera draufhält.

Natürlich ohne fahrlässige Körperverletzung. Das ist eine nette Variante, und man nimmt sich damit selbst nicht so ernst. Trotzdem ist zu befürchten, dass wir von den klatschenden Händen nicht mehr weit entfernt sind. Leute, lasst euch nicht fernsteuern! Seid kreativ und macht, was ihr selbst wollt, werdet nicht zum Teil eines festgelegten Programms! Zeigt den Kameras, was ihr von ihnen haltet! Wenn ihr unbedingt küssen wollt, dann bitte schön, aber wer braucht dazu eine Live-Übertragung? Und hört bitte auf, Selfies während eines Spiels zu machen. Macht lieber Lärm!

Bei den Haien übernimmt man nur aus Amerika, was auch ankommt. Ende der 90er versuchte man es mal mit Cheerleadern, das kam gar nicht gut an. Die Fans wollen freie Sicht auf die Eisfläche, da sollten keine leicht beschürzten Damen auf den Treppen rumturnen! Die sind eh frei zu halten, schon mal was von Fluchtwegen gehört? In Köln setzt man auf die eigene Kultur, mit kölschen Songs und den nötigen Gewinnspielen mit den Sponsoren. Das funktioniert in Köln, weil dort jedes Kind durch den Karneval die kölschen Gassenhauer auswendig mitsingen kann.

GRUND 100

Weil sie immer für Auf- und Abstieg waren

Wer soll da noch durchblicken? Mal scheint die Wiedereinführung des Auf- und Abstiegs zwischen DEL und DEL 2 kurz bevorzustehen, dann wird wieder alles zurückgepfiffen, und man sieht sich vor Gericht. Während ausgerechnet im komplett vom Kommerz beherrschten Fußball die totale Willkommenskultur herrscht und jeder in die Bundesliga rein darf, wenn er einfach nur genug Spiele gewinnt, macht die DEL schon seit Jahren die Grenzen dicht und lässt nicht einmal alte Bekannte rein.

Keine Zuwanderung in die höchste deutsche Spielklasse, selbst nicht für Teams wie Kassel, die jahrelang erfolgreich dort gespielt haben. Strenger geht's nicht. Aber niemand außerhalb der Chefetagen versteht das (was den Herren dort völlig egal zu sein scheint).

Da legen die beiden Ligen einen gemeinsamen Anforderungskatalog fest und können sich hinterher nicht einigen, ob die festgelegten Kriterien erfüllt wurden. Wie ist so etwas möglich, warum erklärt das niemand? Wenn man eine bestimmte Zahl erreichen soll und drüber liegt, hat man ein Kriterium erfüllt, oder? Wenn man drunter liegt, nicht. Wie kann man da zu unterschiedlichen Ergebnissen kommen? Das wird natürlich nicht kommuniziert. Kein Wunder, dass der vor vollendete Tatsachen gestellte zahlende Kunde nur noch den Kopf schüttelt.

Dazu kommt noch die verwirrende Öffentlichkeitsarbeit, da werden die Namen der sich um einen Aufstieg bewerbenden Klubs zunächst nicht genannt, weil das »jetzt doch niemanden interessiere«. Soll das ein Witz sein? Was die Leser/Zuschauer interessiert, entscheiden sie immer noch selbst. Und die Namen der Bewerber-Klubs sind das Interessanteste überhaupt, weil der Fan wissen will, ob sein Klub vielleicht irgendwann in der ersten Liga spielt. Die Haie empfehlen hier mehr Kontakte zur Basis. Was in der Welt los ist, erfährt man eher an der Pommesbude als im Restaurant. Und immer dran denken: Es handelt sich immer noch um Sport.

Die Haie waren immer für den Auf- und Abstieg, selbst als sie eine sehr schlechte Saison spielten und in Abstiegsgefahr geraten wären, wen es diese denn gegeben hätte. Geradlinig und konsequent.

GRUND 101

Weil bei den Haien Menschen spielen, kein Material

Beim großen Bruder Fußball gab es im vergangenen Jahr mal wieder Theater, ein TV-Journalist sprach gegenüber einem Trainer von »Spielermaterial«. Da war der Trainer aber sauer, er hatte nämlich gerade ein Spiel verloren, und schimpfte. Seine Spieler seien

Menschen, kein Material. Das kam gut an. War das eine Wende im Profisport? Behandeln die Klubs ihre Spieler ab jetzt etwa wie Menschen, nicht mehr wie Material? Nur im Sport wird der Wert eines Menschen nämlich in Dollars und Euros festgelegt, als sei er ein Werkstoff.

Nur im Sport werden Menschen einfach hin und her getauscht, vor allem in Amerika. Die werfen mit Millionen um sich, reden von »werthaltigen Angeboten« für Spieler, geben Minderjährigen schon mehr Geld, als sie in normalen Berufen je verdienen würden. Und dann beklagen sie sich, dass man ihre Kader als Spielermaterial bezeichnet? Dabei passt der Vergleich sehr gut. Man tauscht Material auf dem Markt, weil man etwas bauen will, nämlich einen möglichst guten Kader. Und wer mehr Geld in der Tasche hat, bekommt auf dem Markt mehr Qualität. Auch das passt. Trades sind in der NHL seit Jahrzehnten üblich. Alles im grünen Bereich, kein Grund zur Aufregung.

Leider gibt es aber noch diese Fans. Die regen sich auf, wenn Spielermaterial getauscht oder verkauft wird. Denn im Unterschied zu Trainern und Managern sehen sie im Material Menschen, mit denen sie fiebern und leiden. Mit denen sie sich identifizieren. Man verkauft den Fans dann die Illusion, dass ihre Helden dies zu schätzen wissen und alles für sie geben. Doch dann sind sie plötzlich auf dem Markt und weg. Wie Material.

Dann wird den Fans schlagartig klar, dass man ihnen falsche Emotionen verkauft, und sie protestieren, wofür die Klubs kein Verständnis zeigen. Man bietet den Fans Trikots mit den Namen ihrer Lieblinge an und schafft dadurch das Gefühl einer Verbundenheit, die nur in der Fantasie existiert. Dieses Gefühl lassen sich die Klubs teuer bezahlen. Jedes Jahr kommt ein neues Trikot heraus. Der Profisport hat Menschen zu Material gemacht, aber wenn man das Kind beim Namen nennt, ist man empört.

Die Kölner Haie kümmern sich um ihre Spieler, das geht schon vor ihrer Ankunft in Köln los. Es ist in jedem Sommer so: Die

Mannschaft der Kölner Haie ist so gut wie komplett verpflichtet worden, das Eis im Trainingszentrum wird gerade neu aufbereitet. Ende Juli treffen die Spieler aus aller Herren Länder ein, dann beginnt das gemeinsame Training zur Vorbereitung auf die im September beginnende Saison. Die perfekte Zeit für die Mitarbeiter/innen der Geschäftsstelle, um vor der neuen Spielzeit noch einmal auszuruhen und Kräfte zu sammeln?

Mitnichten, seit Wochen herrscht in den Haie-Büros große Betriebsamkeit, das ganze Team arbeitet unabhängig von eigentlichen Zuständigkeiten an administrativen Vorgängen, um sicherzustellen, dass die Spieler sich in Köln auch wohlfühlen. Egal, ob man eigentlich für Medien, Marketing oder Merchandising zuständig ist – jedermann/frau klemmt sich ans Telefon, um Behörden anzurufen, um mit Kindertagesstätten zu sprechen, um Rücksprachen mit den Spielern zu halten. Wenn ein Neuzugang verpflichtet wird, geht die eigentliche Arbeit erst nach der Vertragsunterschrift los.

Die Spieler müssen in Köln angemeldet werden; falls sie Kinder haben, braucht man kurzfristig Kita-Plätze, möglichst noch mit Erziehern, die englisch sprechen. Die Kita sollte dann auch noch in der Nähe der Wohnung des Spielers liegen. Das ist in Köln nicht ganz einfach. Und die Wohnung sollte natürlich so eingerichtet sein, dass sich die Spieler mit ihren Familien von Anfang an gut aufgehoben fühlen. Der erste Eindruck zählt, wenn ein Kanadier nach einem 12-Stunden-Flug mit seiner Familie in Köln eintrifft und zum ersten Mal seine neue Wohnung betritt. Da muss alles stimmen, auch hier sind die Haie-Mitarbeiter aktiv. Muss die Wohnung renoviert werden, ist sie angemessen möbliert, funktionieren alle Geräte, schließen die Türen und Fenster? Wie viele Kinder hat der Spieler, bringt er Haustiere mit? Auch die Wahl seines Autos muss den Anforderungen entsprechen.

Sportdirektor Mark Mahon und alle Mitarbeiter/innen kümmern sich um jedes Detail. Nicht selten haben vielversprechende ausländische Neuzugänge die in sie gesetzten sportlichen Erwartungen nicht erfüllt, weil sie oder ihre Familien sich im fremden Land nicht wohlfühlten. Sportler sind keine Maschinen, die Tore und Vorlagen produzieren. Sie sind Menschen, die sich im privaten Umfeld wohlfühlen müssen, sonst können sie wie jeder andere berufstätige Mensch keine optimale Leistung bringen. Viele ausländische Spieler kommen zum ersten Mal nach Köln oder sogar nach Europa. Ihnen kann man keine Behördengänge zumuten, auch darum kümmern sich die Haie. Dazu müssen die Spieler ihre Pässe einscannen und Vollmachten unterschreiben.

Dann geht jemand von den Kölner Haien damit ins Bürgerbüro, zieht eine Nummer und wartet. Danach fährt er/sie vielleicht noch in ein Möbelhaus, weil in der Wohnung XY noch ein Kinderbett fehlt. Ganz wichtig: In allen Wohnungen muss es einen funktionierenden Internet-Anschluss geben, damit man den Kontakt zum Rest der Welt halten kann. Wenn alles getan ist, kann sich der Sportler voll auf seine Leistung auf dem Eis konzentrieren. Das soll nicht dem Zufall überlassen werden.

GRUND 102

Weil sie auch den Damen etwas bieten

Beim Eishockey findet man sehr viel mehr Frauen im Publikum als beim großen Bruder Fußball. Das liegt natürlich hauptsächlich daran, dass man bei einem Eishockeyspiel sicher ist. Hier können Familien hingehen und sich ohne Gefahr für Leib und Leben unterhalten lassen. Es gibt keine Hooligans, die sich vor dem Stadion gegenseitig die Birne einschlagen und massive Polizeipräsenz erfordern. Es gibt keine Pyrotechnik, die die Gesundheit gefährdet. Man wird nicht einmal bei Derbys angepöbelt. So können auch Frauen einzeln oder in Gruppen zu den Spielen gehen.

Ein weiterer Grund sind natürlich die Spieler. Eishockeyspieler sind Kerle. Sie wälzen sich nicht jammernd auf dem Boden herum wie Fußballer, die gerne ihre Tätowierungen zur Schau stellen und in Interviews eine unattraktive Mischung aus Bildungsmangel und Arroganz durchblicken lassen. Eishockeyspieler sind in kurzen, intensiven Schichten von 30–40 Sekunden auf dem Eis, dann werden sie ausgewechselt. Deswegen spielt bei ihnen die Kraft eine größere Rolle als bei den Fußballern. Deswegen haben Eishockeyspieler Muskeln. Es soll Frauen geben, die darauf stehen.

Bei den Haien gab es immer besondere Frauenlieblinge, so machten die Haie mit einem großen Plakat von Dwayne Norris auf sich aufmerksam, das seinen freien Oberkörper zeigte. Norris sah so aus, wie man sich den perfekten männlichen Oberkörper vorstellte, das muss man auch als männlicher, heterosexueller Beobachter sachlich anerkennen.

Der schönste von allen war aber wohl Tino Boos. Warum auch immer (als Mann kann man das nicht so gut beurteilen), Boos brachte die Damen zum Schmelzen. Sein Trikot verkaufte sich bei Frauen besonders gut.

Es gibt übrigens ein altes Haie-Poster aus den Achtzigern, auf dem alle Spieler samt Betreuer mit freiem Oberkörper abgelichtet wurden. Sex sells, auch bei den Kölner Haien.

GRUND 103

Weil Eishockey die geilste Sportart überhaupt ist!

Die Kölner Haie spielen Eishockey, allein diese Tatsache sollte schon ausreichen, sie zu lieben. Eishockey ist rasant, Eishockey macht Stimmung auf den Rängen, und es findet in komfortablen Hallen statt, nicht (mehr) in zugigen Stadien. Eishockey ist keine pseudo-religiöse Veranstaltung für Fanatiker, sondern ein Event für die ganze Familie.

Zudem ist Eishockey harter, fairer Sport. Hier wird keine Spielzeit geschunden. Wenn das Spiel unterbrochen ist, steht auch die Uhr. Niemand wälzt sich schreiend auf dem Eis, um Zeit zu schinden. Niemand verzögert absichtlich das Spiel. Wenn mal ein Spieler die Scheibe über die Bande schießt, gibt es dafür sofort eine Strafe, selbst wenn es aus Versehen geschieht. Eishockeyspieler wollen spielen; wenn sie mal zu Boden gehen, gibt es keine Theatralik, sondern man steht sofort wieder auf und macht weiter. Falls doch mal einer liegen bliebt, muss etwas Schlimmeres passiert sein. Das weiß jeder Zuschauer und applaudiert, wenn der Spieler sich dann wieder aufrappelt oder vom Eis getragen werden muss. Egal, von welcher Mannschaft er ist.

Selbst schmerzhafteste Verletzungen halten einen Eishockeyspieler nicht lange vom Eis weg. Was nicht hinter der Bande geheilt werden kann, wird in der Kabine genäht. Dann geht es weiter. Zähne verloren, Lippe gerissen? Dauert maximal bis zum nächsten Drittel.

Beim Eishockey weiß jeder auf die Zehntelsekunde genau, wann ein Drittel vorbei ist. Die Uhr ist objektiv, da schätzt niemand über den Daumen die Nachspielzeit und entscheidet damit mal eben maßgeblich den Ausgang eines Spiels. Eishockey ist ein sehr schnelles Spiel, ungeübte Zuschauer haben Mühe, dem Puck zu folgen. Manchmal können auch die Schiedsrichter nicht mit bloßem Auge erkennen, ob die Scheibe im Tor war. Dann geht man zum Videobeweis und schaut sich die Szene noch einmal in Zeitlupe an. Keine Torlinientechnik oder ähnlicher Firlefanz.

GRUND 104

Weil sie schnell zu Dosenfischen werden

Die Stadt Köln hat eine große Medienlandschaft und damit auch eine emsige Boulevardpresse. Diese hat bekanntlich eine gewisse Neigung, Dinge entweder schwarz oder weiß zu sehen. Die Verkaufszahlen zeigen, dass die meisten Menschen genau das so wollen. Bei der Sportberichterstattung läuft dies meist so ab, dass ein siegender Verein ganz schnell zum Titelfavoriten erklärt wird, nach drei Niederlagen dann aber plötzlich unter aller Kanone ist.

So sind die Haie beim Kölner Boulevard entweder »Super-Haie« oder »Dosenfische«. Dazwischen gibt es nichts. Jeder Sportler weiß, dass es innerhalb einer Saison immer auf und ab geht, es erwischt jedes Team der Welt, selbst die Pittsburgh Penguins haben mal ein Tief. So gesehen reagieren Spieler etwas ungehalten, wenn sie die Zeitung aufschlagen und als Dosenfische bezeichnet werden.

Die Fans der Kölner Haie lieben ihre Dosenfische trotzdem, weil Siege und Niederlagen nun einmal zum Sport dazugehören.

GRUND 105

Weil nächstes Jahr alles besser wird

Nach jahrelanger Achterbahnfahrt wollten die Kölner Haie in der Saison 2016/17 endlich Ruhe und Konstanz in die Organisation bekommen. Die sportliche Leitung mit Trainer Cory Clouston und Sportdirektor Mark Mahon erhielt neue Verträge, und bis März sah tatsächlich alles reibungslos aus, die Haie spielten eine gute Hauptrunde, wenige Spieltage vor dem Ende kämpften sie sogar noch um die CHL-Plätze mit.

Doch ausgerechnet in den Play-offs brach das Chaos aus, im Viertelfinale gegen Wolfsburg wurde Top-Stürmer Patrick Hager suspendiert, Geschäftsführer Peter Schönberger warf ihm »teamschädigendes Verhalten« vor, von der Mannschaft wurde dies jedoch in keiner Weise bestätigt, Spieler wie Kai Hospelt gaben im Fernsehen sogar Statements pro Hager ab, ohne überhaupt zu dem Thema befragt worden zu sein. Vor der Suspendierung war bekannt geworden, dass Hager ab 2018 bei Red Bull München unterschrieben haben soll. Ein Zusammenhang drängte sich auf, aber wie immer im Sport wird man die Wahrheit über die Gründe für die Suspendierung wohl erst viel später erfahren.

Das Team holte ohne Hager einen 1:3-Rückstand in der Serie auf, um dann im 7. Spiel unglücklich mit 0:1 zu verlieren und auszuscheiden. Nach Ostern folgte dann der nächste Paukenschlag: Schönberger wurde aus der Geschäftsführung abgezogen und durch den Marketing-Experten Oliver Müller ersetzt. Ein Zeichen, dass sich der Geschäftsführer ums Geschäft kümmern soll, nicht um das sportliche Geschehen? Schönberger befand sich oft im Umkreis der Mannschaft. Er war auch in Drittelpausen in der Kabine, »aber nur beim Trainer, nicht bei der Mannschaft«, wie er erklärte.

Doch auch im sportlichen Bereich wurden nicht alle Erwartungen erfüllt. Clouston und Mahon hatten bei den meisten Neuverpflichtungen kein glückliches Händchen. Max Reinhart sollte ein junger Top-Stürmer mit NHL-Ambitionen sein, entpuppte sich aber nur als Mitläufer. Dane Byers wurde das Potenzial zum Publikumsliebling unterstellt, weil er immer mit Leidenschaft und gelegentlich auch mit den Fäusten kämpfe, davon war auch nicht viel zu sehen. T.J. Mulock blieb hinter seinen früher in Berlin gezeigten Leistungen zurück, Travis Turnbull (den noch Niklas Sundblad verpflichtet hatte) war nur ein Schatten früherer Jahre. Ein guter Griff hingegen war Corey Potter, der mit Aufsteiger Pascal Zerressen ein starkes Abwehrpaar bildete.

»Wir wollen ein unangenehmer Gegner sein«, erklärte Clouston vor der Saison. Mit physischem Spiel sollten die Gegner unter Druck gesetzt werden, doch diese Rechnung ging nicht auf, die Haie lebten wie seit Jahren von der Defensive. Dann bekamen sie durch Wesslaus Dominanz noch ein zusätzliches Problem, denn der zweite Torhüter Daniar Dshunussow hatte ein schwieriges Leben und sah bei seinen wenigen Saisoneinsätzen unglücklich aus. Den sonst so sicheren zweiten Schlussmann müssen die Haie im nächsten Jahr wieder aufbauen, sonst bekommen sie im Falle einer Verletzung Wesslaus ein Problem.

Im Herbst gelang den Haien mit der Verpflichtung Christian Ehrhoffs ein Coup, der NHL-Star konnte sich den Verein aussuchen, entschied sich für die Haie und wollte mit Köln Meister werden. Lange dominierte er die Schlagzeilen.

Ehrhoff konnte ein paar spielerische Ausrufezeichen setzen, doch er war kein Wunderheiler, der den entscheidenden Unterschied ausgemacht hätte. Clouston sah die Gefahr voraus und erklärte, Ehrhoff müsse nicht DER Spieler bei den Haien werden, sondern brauche nur seinen Job zu machen. Durch Ehrhoffs Verpflichtung kam auch Unruhe in den Kader, so landete das Kölner Urgestein Torsten Ankert als überzähliger Verteidiger auf der Tribüne und verließ die Haie nach der Saison und zwölf Jahren im KEC-Trikot. Ankert galt mit Moritz Müller jahrelang als Nachfolger Mirko Lüdemanns, der bei guter Gesundheit in ein paar Jahren mehr als 1.000 DEL-Spiele für die Haie bestreiten könnte. Im Spitzensport geht es nun einmal nicht um Vereinsromantik, und Christian Ehrhoff wird für die Haie sicher noch lange sehr wertvoll sein.

Die Haie spielten wegen ihrer starken Abwehr eine gute Saison, Torhüter Gustaf Wesslau überragte, und seine Vorderleute ließen wenig zu, so reichten oft wenige Tore zu Siegen. Doch wenn Wesslau mal »nur« normal hielt, wurde es schwierig, das wurde im Viertelfinale deutlich. Die Haie brauchten zu viele Chancen, und wieder hing vieles vom Top-Sturm mit Hager, Philip Gogulla und Ryan Jones ab.

Trotzdem hätten sie mit etwas Glück auch Meister werden können, gegen Nürnberg und München hatten die Haie in diesem Jahr gut ausgesehen, es war gegen Wolfsburg eine Millimeterentscheidung, ein Zufallstor entschied die Serie.

Nun erfolgt kein großer Schnitt, wozu auch, die Mannschaft spielte gut, es muss nur an wenigen Stellschrauben gedreht werden. Die aussortierten Stürmer Byers, Turnbull, Salmonsson und Reinhart müssen durch torgefährlichere Spieler ersetzt werden. Am System und an der Abwehr muss man nichts ändern. Es fehlten nur ein paar Prozentpunkte auf dem Eis. Und die Ruhe im Umfeld, um sich voll auf das sportliche Geschehen konzentrieren zu können.

Fragezeichen bleiben dennoch immer und wir dürfen nicht vergessen: Es wird nie langweilig mit den Haien! Es geht immer auf und ab! So kann man auch ketzerisch fragen, was alles schiefgehen könnte. Ist die Suspendierung Hagers komplett aus den Köpfen der Spieler heraus oder schwelt da trotz der Entlassung Schönbergers noch etwas im Team? Gab es womöglich weitere Spieler, die den Verein verlassen wollten, weil sie sich nicht mehr wohlfühlen, aber nun wegen ihrer langjährigen Verträge keine Freigabe erhielten?

Solche Konflikte und inneren Kündigungen können zu Problemen werden, wenn es sportlich nicht läuft. Solange gewonnen wird, herrscht in der Kabine eine tolle Stimmung, und über allem liegt ein Teppich der Glückseligkeit. Doch wenn der Saisonstart in die Hose geht und einige Spieler unzufrieden sind, was dann?

Wie sieht es auf der wirtschaftlichen Seite aus? Der neue Geschäftsführer Oliver Müller hat noch keine großartigen Referenzen mit DEL-Klubs und muss sich auf dem schwierigen und umkämpften Kölner Sponsorenmarkt durchsetzen. Dazu hat er die schwierige Aufgabe, den Zuschussbedarf des Hauptgesellschafters Frank Gotthardt zu verringern, damit der bei der Stange bleibt.

Eine Herkules-Aufgabe, mit der schon Müllers Vorgänger ihre liebe Mühe hatten. Es bleibt spannend!

GRUND 106

Weil sie jedes Jahr Studenten einluden

Es kann sich mehrfach lohnen, in Köln zu studieren. Als Erstsemester-Student könnte es jederzeit passieren, dass Sharky plötzlich vor der Kölner Uni erscheint und Gutscheine für Freikarten zu Haie-Spielen verteilt. Ein schöner Bonus für »Ersties«, von denen viele noch nie beim Eishockey waren und nun die Gelegenheit bekommen, zu den Haien zu gehen und sich vom Eishockey-Virus infizieren zu lassen.

Die Kölner Haie hatten in der Saison 2016/17 die meisten Zuschauer in der Deutschen Eishockey Liga. Trotzdem kann man nie genug haben, die Auslastung der riesigen Deutzer Arena liegt bei unter 70%, da ist noch Platz, um neue Fans anzulocken und möglichst zu begeistern. Dazu sind Freikartenaktionen ideal, denn umsonst geht man gerne mal hin, um Eishockeyluft zu schnuppern.

Wem es bei den Haien gefällt, der kommt bestimmt mal wieder. Vielleicht springt irgendwann sogar eine Dauerkarte heraus. Man darf es mit den Freikartenaktionen nur nicht übertreiben, sonst werden die Dauerkarteninhaber sauer. Wegen der Marketing-Aktionen sind die Zuschauerzahlen der Liga auch ein wenig mit Vorsicht zu genießen, denn große Zahlen bedeuten dann nicht immer auch hohe Einnahmen. Außerdem sind die Ausgaben an den Standorten sehr unterschiedlich. Während kleine Vereine mit vielen ehrenamtlichen Helfern auskommen und ihre Kosten schon mit 3.000 Zuschauern decken können, brauchen die Kölner Haie mindestens 10.000 Besucher, um eine schwarze Null zu schreiben.

Das Thema »Zahlen« ist im deutschen Eishockey ohnehin heikel: So gibt kein Klub genau an, wie hoch sein Saisonetat wirklich ist. So kommen bei einer entsprechenden Umfrage unter allen Klubs schon mal seltsame Reaktionen. Da meldet ein Klub seine Zahlen und liegt damit über denen von Mannheim. Die Reaktion darauf: »Ups, das ist dann zu hoch. Nimm mal eine Million weg, dann stimmt es wieder.«

Über Geld redet man in Deutschland eben nicht gerne. Daher ist es auch schwierig, die Einkaufspolitik der Manager einigermaßen korrekt zu beurteilen. Das ist so, als wenn jemand aus dem Supermarkt kommt und seine Einkäufe präsentiert, dabei aber verschweigt, was im Markt angeboten wurde, was die Waren gekostet haben und wie viel Geld er überhaupt dabeihatte. Dann kann man ihn nur noch an der Haltbarkeit der Ware beurteilen und ob sie gut aussieht. Genau das ist vermutlich der Sinn der Sache.

Immerhin haben die Haie mit der Kölner Arena Möglichkeiten, um mit Freikartenaktionen neue Fans anzulocken. Klubs wie Berlin oder Mannheim sind mit ihren Hallen schon fast voll ausgelastet, da bleibt kein Spielraum. Die Kölner Arena ist deutlich größer als der Rest. Das hat den Nachteil, dass die Haie in der Regel in einer halb leeren Halle spielen.

Es gab immer wieder Überlegungen, eine ganz neue Halle zu bauen, für nur 10.000 bis 12.000 Zuschauer, dafür aber mit durchgehenden Stehplätzen. Das wäre ein Hexenkessel, der immer zum Bersten gefüllt wäre. Für den Heimvorteil sicherlich grandios, die Stimmung wäre wieder wie früher in guten, alten Eisstadien. Außerdem wären die Haie wieder Herr über ihren eigenen Terminplan.

Wegen der Auslastung der Kölnarena gibt es immer wieder Probleme, oft müssen die Haie innerhalb kürzester Zeit viele Heimspiele und danach viele Auswärtsspiele in Folge bestreiten. Dadurch verlieren sie Geld, denn kaum jemand geht binnen zwei Wochen gleich drei- oder viermal zum Eishockey. Das Geld sitzt nicht mehr locker, und eine Familie muss für den Besuch eines Haie-Spiels inklusive Verpflegung eine nette Summe hinblättern.

GRUND 107

Weil sie jedes Jahr ein Kinderkrankenhaus beschenken

Für jeden Haie-Spieler gibt es viele Pflichtveranstaltungen, Sponsorentermine, etc. Das gehört zum Job. Einer dieser jährlichen Termine bei den Kölner Haien liegt den Spielern allerdings richtig am Herzen.

Dann gehen sie in ein Kölner Kinderkrankenhaus und verschenken zahlreiche Spiele an die kleinen Patienten. Man kann sich leicht die Freude vorstellen, wenn die Profis plötzlich zu Kindern ans Bett treten. Wenn sie dann auch noch Geschenke bringen, können die Kleinen für einen Moment ihr tapfer ertragenes Schicksal vergessen.

Die Geschenke werden stets von den Spielerfrauen eingesammelt, die Haie rufen jedes Jahr dazu auf, an bestimmten Spieltagen Spiele mitzubringen und an die Spielerfrauen im Umgang der Arena zu übergeben. Aus hygienischen Gründen müssen die Spiele originalverpackt sein.

»Wir haben das Privileg, unser Hobby als Beruf ausüben und davon leben zu können«, sagt Moritz Müller. »Doch leider geht es nicht allen Menschen so gut. Daher ist es immer wieder schön, Kindern oder Hilfebedürftigen mit Kleinigkeiten eine große Freude zu bereiten. Wenn wir mit Geschenken in die Zimmer der Kinder kommen, strahlen deren Augen sofort. Dieser Termin ist für uns in jedem Jahr eine Herzensangelegenheit[9]«.

Bei aller Liebe darf man nie vergessen, dass Eishockey wie jeder Sport nur eine schöne Nebensache ist. Der Sport unterhält uns und lässt uns für eine Weile die Probleme da draußen vergessen, aber das Leben findet nun einmal außerhalb der Arenen statt.

GRUND 108

Weil man bei ihnen nie alleine ist

Ladies Night bei den Kölner Haien! Empfang mit einem Glas Sekt! Die Haie lassen Sie nicht alleine, liebe Damen, die Herren sowieso nicht. Männer haben auch Gefühle, zum Beispiel Hunger und Durst, sie werden bei Haie-Spielen gut versorgt. Und man/frau kann dort auch Menschen kennenlernen, sogar solche des anderen Geschlechts. Bei den Haien gibt es noch die gute, alte Möglichkeit, sich außerhalb des Internets kennenzulernen, dafür liebt man sie bzw. man liebt sich bei ihnen.

Alle 12 Minuten verliebt sich ein Single im Internet? Alle 60 Minuten verzweifelt ein Haie-Fan bei Haie-Spielen in der Arena! Bei den Haien kommt man mit den Personen um sich herum ins Gespräch, man hat im Foyer jede Menge »Kneipen«, in denen man Kontakt zu anderen Besucher/innen aufnehmen kann.

Das ist immer noch die beste Methode; denn seien wir mal ehrlich: Die Baywatch-artigen Damen und Herren, die auf den großen Plakaten der Dating-Seiten auf uns herabblicken, werden sich höchstwahrscheinlich nicht bei uns melden, wenn wir uns dort registrieren lassen. Und mit realistischen potenziellen Blind-Date-Kandidaten/innen werden die bestimmt nicht werben.

Man stelle sich ein Bild von einem Herrn Mitte 40 mit der Figur und dem Herzen eines Hells Angels vor und soll sich in diesen alle zwölf Minuten verlieben? Unwahrscheinlich.

Da müsste man erst die inneren Werte jener Person kennen und lieben lernen. Beides geht bei den Haien. Da nimmt man vielleicht über die Haie-Portale in den sozialen Netzwerken Kontakt zu einzelnen Schreiber/innen auf und trifft sich dann mal bei einem Spiel.

Der Vorteil: Man/frau hat ein Gesprächsthema, nämlich die Haie! Kein mühsames Herumdrucksen mehr, keine verzweifelte Suche nach einem Thema, bei dem man interessant wirken und mit Wissen glänzen kann und das die Person gegenüber möglichst auch noch interessiert!

Die Ladies Night ist eine gute Gelegenheit, die Haie kennenzulernen, auch wenn man über das Frauenbild der Haie (Sekt in die Hand und alles ist gut) sicher diskutieren kann.

Wer einfach nur Freunde sucht, ist bei den Haien ebenfalls richtig. Es gibt überall in der Stadt und der Umgebung Fanklubs. Dort trifft man auf Gleichgesinnte und hat schon gleich eine Gemeinsamkeit: die Haie! Man sieht in der Arena auch oft kleine Gruppen von mehreren Damen, die gemeinsam zum Eishockey gehen.

Die Kölner Haie lassen niemanden allein. Und wenn man neben einer gerade kennengelernten Dame sitzt, während man von der Kiss-Cam gefunden wird, wer weiß …

GRUND 109

Weil Eishockey nicht brutal ist

Eishockey ist brutal, nicht wahr? Dauernd prügeln sich diese Kerle, wie kann man da nur mit der Familie hingehen und die Kinder zusehen lassen? Soll man ihnen Werte vermitteln, dass man Konflikte mit den Fäusten löst? Solche Ansichten hört man immer wieder. Manchmal liest man in Kommentaren auch, Eishockey sei eine Sportart, in der es für Körperverletzung nur zwei Minuten Haftstrafe gibt.

Zur Beruhigung: Bitte gehen Sie mit Ihrer Familie und den Kindern zu den Haien. Und wenn es vor einem Tor mal zum Gerangel kommt und Ihre Kinder Sie fragend ansehen, sagen Sie ihnen Folgendes: »Die Jungs da unten sind von Kopf bis Fuß geschützt, die tun sich nicht weh. Beim Eishockey knallt man wegen des hohen Tempos öfter mal gegeneinander, dann zeigt man dem anderen mit Schubsen oder einem Schlag, dass er wegbleiben soll. Der andere kann sich das natürlich nicht gefallen lassen, sonst hält ihn jeder für ein Weichei. Aber guckt euch die Jungs an, niemand von denen hat Angst. Keiner fürchtet sich. Und nachher geben sich alle die Hand, und keiner geht böse nach Hause.«

Das ist nämlich die Message beim Eishockey: Man streitet sich, man kämpft um sein Territorium, aber es ist nichts Persönliches und man gibt sich hinterher die Hand. Die Spieler tun sich gegenseitig nicht weh, sie sind fast komplett geschützt. Es ist nicht wie im Fußball, wo man sich mit Stollenschuhen gegenseitig in die nackten Beine springt. Oder beim Handball den Ellenbogen ins Gesicht. Und was beim Wasserball alles unter der Oberfläche abgeht …

Sie können problemlos zu den Haien gehen, man wird Ihnen tollen Sport für die ganze Familie bieten. Und wenn sich zwei Spieler wirklich mal gegenüberstehen, die Handschuhe fallen lassen und sich auf die Nasen hauen, beobachten Sie mal das Publikum! Da wendet sich niemand entsetzt ab, da hält niemand den Kindern die Hand vor die angsterfüllten Augen. Nein, die Leute stehen auf und jubeln! Weil da unten zwei Gladiatoren stehen, die sich für ihr Team einsetzen und den Kopf für ihren Verein hinhalten. Sowas kommt an. Es sollte allerdings nicht ständig vorkommen, das ist wohl wahr.

GRUND 110

Weil Alex Hicks und John Tripp ein großes Herz hatten

Oft gibt es in den Klubs Spieler, die sich über die normalen Events hinaus persönlich für gute Zwecke engagieren. Bei den Kölner Haien waren das über lange Jahre Alex Hicks und John Tripp. Hicks gründete seine Initiative 2003, mit der Hilfe dieser Institution wurden z.B. Möbel für ein Kinder- und Jugendheim beschafft.

John Tripp gründete die »Tripp-Charity« und sammelte zwischen 2010 und 2015 weit über 120.000 Euro, indem er Eishockey-Raritäten versteigerte. Die Haie unterstützen auch die Deutsche Knochenmarkspenderdatei (DKMS) und organisierten Typisierungen. In jedem Oktober unterstützen sie die »Pinktober«-Aktion der Hard Rock Cafés im Kampf gegen Krebs. Die Haie treten dann in einem Spiel mit pinken Trikots an, die hinterher zum guten Zweck versteigert werden.

Eishockeyspieler treten oft für gute Zwecke an, auch nach ihrer Laufbahn. Dave McLlwain zum Beispiel bestreitet pro Jahr mehr als 35 Wohltätigkeitsspiele in ganz Kanada. Mal für Obdachlose, mal im Kampf gegen Alzheimer. Selbstverständlich sind Wohltätigkeitsspiele auch Marketing-Aktionen, warum sollen nicht alle Beteiligten etwas davon haben? Es soll sich für jeden lohnen, sich für soziale Zwecke einzusetzen.

GRUND 111

Weil es noch viel mehr Gründe gibt

Und damit wären wir beim 111. Grund angelangt, die Kölner Haie zu lieben. Eines ist klar: Wenn 111 Menschen je 111 Gründe anführen müssten, die Haie zu lieben, gäbe es mit Sicherheit 111 verschiedene Listen. Jeder hat seine eigenen Gründe, seine eigenen Erfahrungen und seine eigenen Emotionen. Der eine hat vielleicht auf einer Auswärtsfahrt seine Frau kennengelernt oder ihr in der Arena einen Heiratsantrag gemacht (was bei gleichzeitiger Übertragung auf dem Videowürfel durchaus riskant sein kann).

Wieder andere haben vielleicht in der Drittelpause an einem Wettbewerb teilgenommen und etwas gewonnen. Jeder kann sich an Spiele erinnern, die ihm etwas bedeuten. Es gibt auch Menschen, die vor jedem Heimspiel in den Kölner Dom gehen und für die Gesundheit der Spieler eine Kerze anzünden.

Wie wird man überhaupt zum Fan und beginnt, einen Klub zu lieben? Das entscheidet sich oft in der Kindheit, man wird von den Eltern zu einem Spiel mitgenommen und fühlt sich von einem der beiden Teams magisch angezogen. In der Regel nimmt man den Verein, der den eigenen Wohnort identifiziert. Das ist in Köln besonders stark ausgeprägt, weil die Kölner ihre Stadt ganz besonders lieben. Dazu haben sie schließlich auch ihre eigene Sprache und ihre eigene Musikkultur.

Die 111 Gründe dieses Buches können nur eine von unendlichen Versionen sein und zum Nicken oder an mancher Stelle auch zum Kopfschütteln anregen. Nur eines ist sicher. Es gibt wohl für jeden Haie-Fan mindestens 111 Gründe, den KEC zu lieben. Und die meisten davon sind mit Sicherheit subjektiv. Gibt es überhaupt objektive Gründe? Die Meisterschaften vielleicht, mit Titelgewinnen können sich die meisten Menschen identifizieren. Erfolgsfans halt.

Aber stopp, was ist an Erfolgsfans so schlimm? Sind wir nicht alle süchtig nach Erfolgen? Müssen wir nicht alle aus Niederlagen lernen? Und da kommen wir zum Punkt: Mit den Kölner Haien lernt man, mit Niederlagen umzugehen, aber auch mit Siegen. Man darf im Erfolgsfall nicht abheben, und wenn man eins auf den Deckel bekommt, darf man nicht den Kopf hängen lassen. Wie heißt es im Eishockey so schön: Du bist nie so schlecht, wie du denkst, und nie so gut, wie andere es dir weismachen wollen. Oder war es umgekehrt?

Im Privatleben hat man ab und zu mal Erfolge oder Niederlagen, ansonsten geht alles seinen üblichen Gang. Wenn dann etwas Außergewöhnliches geschieht, können wir nicht so gut damit umgehen. Bei den Sportlern ist das anders, sie haben ständig Erfolge und Niederlagen, daher können sie solche Ereignisse besser einordnen als der Normalmensch. Sie denken auch nicht in Konjunktiven. Hätte ich das doch nur anders gemacht, dann wäre jetzt alles anders. Es gibt keine Konjunktive im Leben, es gibt kein »hätte« und »wäre«. Es gibt nur tatsächlich existierende Situationen, mit denen man konkret umgehen muss.

Das kann man mit den Kölner Haien lernen, und dafür kann man sie lieben.

QUELLEN

Alle nicht gekennzeichneten Zitate stammen aus Interviews und Gesprächen, die der Autor des Buches geführt hat.

1 Haie-Guide 2016/17
2 Kölner Express vom 23.05.2016
3 Internet-Seite der Haie-Traditionsmannschaft
4 Internet-Seite der Haie-Traditionsmannschaft
5 DER SPIEGEL vom 18.02.2002
6 Kölner Express vom 25.09.2016
7 Haie-Fanprojekt.de
8 Haie.de
9 Haie-Guide

LITERATURVERZEICHNIS

- KEC »Die Haie« GmbH, Haie-Guide 2016/17
- Kölner Express Online, DuMont Net GmbH & Co. KG
- Kölner Eishockey Club »Die Haie« Traditionsmannschaft e.V, Internetseite *www.koelnerhaie.de*
- Spiegel Online GmbH, Spiegel Online
- KEC Kölner Eishockey-Gesellschaft »Die Haie« mbH, Internetseite *www.haie.de*
- Haie-Fanprojekt e.V., Internetseite *www.haie-fanprojekt.de*

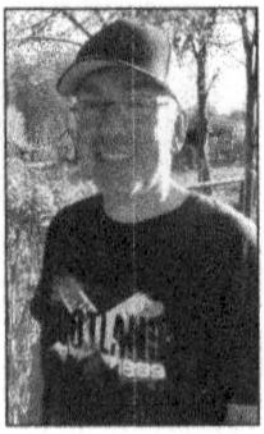

ALEXANDER BRANDT-MEMET, geboren 1965, verfolgt die Spiele der Kölner Haie seit 30 Jahren, berichtet regelmäßig für drei Zeitungen über den KEC und ist unter anderem Kolumnist der »Eishockey NEWS«. Während dieser Zeit interviewte er fast alle Spieler, Manager und Trainer der Haie. Bei lokalen TV-Sendern trat Brandt-Memet als Haie-Experte auf und begleitete die Kölner auch beim Spengler Cup 2002.

Alexander Brandt-Memet
111 GRÜNDE, DIE KÖLNER HAIE ZU LIEBEN
Eine Liebeserklärung an den
großartigsten Eishockeyclub der Welt

ISBN 978-3-86265-691-2
Vermittlung: Literaturagentur Brinkmann, München |

DER VERLAG
Schwarzkopf & Schwarzkopf Verlag GmbH
Kastanienallee 32, 10435 Berlin
Telefon: 030 – 44 33 63 00
Fax: 030 – 44 33 63 044

INTERNET | E-MAIL
www.schwarzkopf-schwarzkopf.de
www.facebook.com/schwarzkopfverlag
info@schwarzkopf-schwarzkopf.de